CRAQUER LE CODE PM

Un guide étape par étape pour les futurs chefs de produit

McCarthy J. Grant

TABLE DES MATIÈRES

Remerciements

Le parcours de création de ce livre a été à la fois difficile et extrêmement enrichissant. Cela n'aurait pas été possible sans le soutien, les conseils et les contributions de nombreuses personnes et organisations. Je suis profondément reconnaissant à tous ceux qui ont joué un rôle dans la réalisation de ce travail.

Avant toute chose, je tiens à remercier chaleureusement ma famille et mes amis pour leur soutien et leurs encouragements indéfectibles. À mon épouse, Sarah Grant, votre confiance en moi et votre patience infinie ont été une source constante de motivation tout au long de cette entreprise. À mes enfants, Emily et James, votre joie et votre curiosité m'inspirent chaque jour. À mes parents, John et Margaret Grant, merci de m'avoir inculqué les valeurs du travail acharné et de la persévérance. À mes frères et sœurs, Laura et Michael, vos encouragements et votre soutien comptent pour moi.

Je suis profondément reconnaissant envers les nombreux chefs de produit, experts du secteur et mentors qui ont généreusement partagé leurs expériences, leurs idées et leur sagesse. Vos contributions ont enrichi le contenu de ce livre et fourni des perspectives pratiques inestimables qui profiteront aux futurs chefs de produit.

Un merci spécial à mon éditeur, dont l'attention méticuleuse aux détails et les commentaires réfléchis ont considérablement amélioré la qualité de ce livre. Votre expertise et votre dévouement ont joué un rôle déterminant dans l'élaboration du manuscrit final.

Je tiens également à remercier le soutien de mes collègues et collaborateurs qui ont formulé des critiques constructives, partagé leurs connaissances et offert des encouragements tout au long du parcours. Votre contribution a été inestimable pour affiner les idées et les concepts présentés dans ce livre.

Un sincère merci à l'équipe de publication de [Nom de l'éditeur] pour son professionnalisme et son engagement envers l'excellence. Votre soutien et votre expertise ont été cruciaux pour donner vie à ce livre et assurer son succès.

Enfin, je remercie les lecteurs qui inspirent la création de telles œuvres. J'espère que ce livre constituera une ressource précieuse dans votre parcours pour devenir des chefs de produit à succès et apporter des contributions significatives à l'industrie technologique.

Merci à tous pour votre soutien, vos contributions et vos encouragements.

McCarthy J. Grant

Partie 1 : Comprendre le rôle d'un chef de produit

Chapitre 1 : Introduction à la gestion des produits

Qu'est-ce que la gestion de produits ?

La gestion de produit est la pratique consistant à superviser le développement, le marketing et l'amélioration continue d'un produit tout au long de son cycle de vie. Les chefs de produit (PM) sont chargés de garantir qu'un produit répond aux besoins de ses utilisateurs, s'aligne sur les objectifs commerciaux et reste compétitif sur le marché. Ils servent de pont entre diverses fonctions au sein d'une organisation, telles que l'ingénierie, la conception, le marketing et les ventes, pour faire passer un produit du concept au succès commercial.

L'importance de la gestion des produits

Dans le paysage technologique actuel, en évolution rapide et compétitif, une gestion efficace des produits est essentielle au succès d'une entreprise. Les PM jouent un rôle clé dans l'identification des opportunités de marché, la définition de la vision et de la stratégie du produit et la conduite de l'exécution de cette stratégie. Leur travail garantit que les produits non seulement répondent aux besoins des clients, mais se démarquent également sur un marché encombré.

Principales responsabilités d'un chef de produit

Le rôle d'un chef de produit est multiforme et dynamique. Les principales responsabilités comprennent généralement :

Études et analyses de marché

- Comprendre les tendances du marché, les besoins des clients et le paysage concurrentiel.
- Mener des recherches sur les utilisateurs et recueillir des commentaires pour éclairer les décisions relatives aux produits.

Stratégie et vision produit

- Définir la vision du produit et fixer les objectifs à long terme.
- Créer une feuille de route du produit qui décrit le plan de développement et de publication.

Développement de produits

- Collaborer avec les équipes d'ingénierie et de conception pour créer le produit.
- Hiérarchisation des fonctionnalités et gestion du backlog produit.

Planification de la mise sur le marché

- Coordination avec les équipes marketing et commerciales pour lancer le produit.
- Élaborer des stratégies de prix et positionner le produit sur le marché.

Surveillance des performances et itération

- Analyser les indicateurs de performances des produits et les commentaires des utilisateurs.
- Itérer sur le produit pour améliorer ses fonctionnalités et son expérience utilisateur.

Différents types de rôles PM

Les rôles de gestion de produit peuvent varier considérablement en fonction de l'entreprise, du secteur et du produit spécifique. Les types courants de rôles PM incluent :

Chef de Produit Technique (TPM)

- Se concentre sur les produits qui nécessitent une expertise technique importante.
- Travaille en étroite collaboration avec les équipes d'ingénierie pour résoudre des problèmes techniques complexes.

Chef de produit croissance

- Se concentre sur les stratégies visant à stimuler l'acquisition, la fidélisation et la monétisation des utilisateurs.
- Analyse les données pour identifier les opportunités de croissance et optimiser les entonnoirs d'utilisateurs.

Responsable Marketing Produit (PMM)

- Se concentre sur la stratégie de mise sur le marché, y compris la messagerie, le positionnement et la promotion.
- Travailler en étroite collaboration avec les équipes marketing et commerciales pour favoriser l'adoption des produits.

Chef de produit données

- Gère les produits liés à l'infrastructure de données, à l'analyse et à l'apprentissage automatique.
- Travaille avec des data scientists et des ingénieurs pour exploiter les données afin d'améliorer les produits.

L'évolution de la gestion des produits

Le rôle de la gestion de produits a considérablement évolué au cours des dernières décennies. Au départ, les chefs de produit étaient souvent considérés comme des chefs de projet, principalement chargés de garantir que les produits étaient livrés dans les délais et dans les limites du budget. Cependant, à mesure que la technologie et les attentes des clients ont évolué, le rôle s'est élargi pour inclure des responsabilités stratégiques qui déterminent l'orientation globale du produit et de l'entreprise.

Les chefs de produit d'aujourd'hui sont censés être des visionnaires capables de faire face à l'incertitude, de prendre des décisions fondées sur les données et de diriger des équipes interfonctionnelles. Ils doivent équilibrer les besoins des utilisateurs avec les objectifs commerciaux, itérer constamment sur leurs produits et rester agiles face aux conditions changeantes du marché.

Pourquoi poursuivre une carrière dans la gestion de produits ?

Une carrière dans la gestion de produits peut être très enrichissante pour plusieurs raisons :

Impact et influence

- Les PM ont un impact significatif sur le succès d'un produit et, par extension, de l'entreprise.
- Ils travaillent souvent sur des produits innovants qui peuvent façonner les industries et améliorer la vie.

Ensemble de compétences diversifiées

- Le rôle nécessite un mélange de réflexion stratégique, de connaissances techniques et de compétences interpersonnelles.
- Les PM apprennent et s'adaptent continuellement, ce qui en fait une carrière dynamique et intellectuellement stimulante.

Opportunités de croissance de carrière

- La gestion des produits est une voie vers des postes de haute direction, tels que vice-président des produits ou directeur des produits (CPO).

- Les compétences et l'expérience acquises en gestion de produits sont transférables à travers les industries et les secteurs.

Chapitre 2 : Le paysage de l'industrie technologique

Aperçu du secteur technologique

Le secteur technologique est un domaine dynamique et en évolution rapide qui englobe un large éventail d'industries, notamment les logiciels, le matériel informatique, les télécommunications et les services informatiques. Ce secteur se caractérise par une innovation continue, des investissements importants en recherche et développement et l'introduction constante de nouveaux produits et services qui transforment la façon dont les gens vivent et travaillent.

L'industrie technologique peut être divisée en plusieurs domaines clés :

Electronique grand public

- Des produits tels que les smartphones, les tablettes, les ordinateurs portables et les appareils portables.
- Les principaux acteurs sont Apple, Samsung et Microsoft.

Logiciels et applications

- Systèmes d'exploitation, logiciels de productivité, applications d'entreprise et applications mobiles.
- Des entreprises comme Microsoft, Google et Adobe dominent cet espace.

Services Internet et commerce électronique

- Plateformes en ligne, moteurs de recherche, réseaux sociaux et sites de commerce électronique.
- Des géants tels que Google, Facebook, Amazon et Alibaba dominent le marché.

Réseaux et télécommunications

- Infrastructure pour Internet, les réseaux mobiles et la transmission de données.
- Les principaux acteurs incluent Cisco, Huawei et Qualcomm.

Cloud computing et centres de données

- Services qui fournissent des ressources informatiques et du stockage à la demande.
- Les entreprises leaders sont Amazon Web Services (AWS), Microsoft Azure et Google Cloud.

Intelligence artificielle et apprentissage automatique

- Technologies qui permettent aux machines d'apprendre et de prendre des décisions.
- Les innovateurs dans ce domaine incluent IBM, Google et OpenAI.

La cyber-sécurité

- Solutions pour protéger les systèmes, les réseaux et les données contre les cybermenaces.
- Les entreprises de premier plan sont Symantec, Palo Alto Networks et CrowdStrike.

Technologie financière

- Technologies qui améliorent et automatisent les services financiers.
- Les entreprises notables incluent PayPal, Square et Stripe.

Acteurs majeurs et entreprises émergentes

L'industrie technologique est dominée par quelques grandes entreprises, souvent appelées « Big Tech » ou « FAANG » (Facebook, Amazon, Apple, Netflix et Google). Ces entreprises disposent de vastes ressources, d'une vaste base d'utilisateurs et d'une influence significative sur le marché. Ils continuent d'être à la pointe de l'innovation et d'établir les normes de l'industrie.

Cependant, le paysage technologique constitue également un terrain fertile pour les startups et les entreprises émergentes qui apportent de nouvelles idées et des technologies de rupture. Beaucoup de ces entreprises évoluent rapidement et deviennent elles-mêmes des acteurs majeurs. Des exemples de telles sociétés comprennent :

- Stripe - Révolutionner les paiements en ligne.
- Zoom - Transformer la communication et la collaboration virtuelles.
- Snowflake - Innover dans l'entreposage et l'analyse de données.
- Palantir - Fournir des solutions avancées d'analyse de données.

Tendances et innovations dans la gestion des produits technologiques

Le secteur technologique est marqué par plusieurs tendances et innovations clés qui façonnent l'avenir de la gestion de produits :

Intelligence artificielle et apprentissage automatique

- L'IA et le ML sont de plus en plus intégrés aux produits pour offrir des expériences plus intelligentes et plus personnalisées.
- Les PM doivent comprendre comment exploiter ces technologies pour améliorer les fonctionnalités du produit.

Cloud computing

- Le passage aux services basés sur le cloud permet des solutions évolutives, flexibles et rentables.

- Les PM doivent prendre en compte l'infrastructure et les services cloud dans leurs stratégies de produits.

Internet des objets (IoT)

- L'IoT connecte les appareils du quotidien à Internet, permettant ainsi de nouveaux niveaux d'automatisation et de collecte de données.
- Les PM devraient explorer comment l'IoT peut être utilisé pour créer des produits et des services innovants.

Technologie 5G

- Le déploiement des réseaux 5G promet une connectivité Internet plus rapide et plus fiable.
- Les PM peuvent tirer parti de la 5G pour développer de nouveaux produits nécessitant des connexions à haut débit et à faible latence.

La cyber-sécurité

- À mesure que les cybermenaces deviennent plus sophistiquées, la cybersécurité devient une préoccupation majeure.
- Les PM doivent donner la priorité aux fonctionnalités de sécurité et garantir que leurs produits sont conformes aux réglementations.

Durabilité et technologie verte

- L'accent est de plus en plus mis sur la création de technologies respectueuses de l'environnement.
- Les PM doivent prendre en compte la durabilité dans leurs processus de développement de produits.

Réalité augmentée (AR) et réalité virtuelle (VR)

- La réalité augmentée et la réalité virtuelle créent des expériences immersives dans les domaines des jeux, de l'éducation et du travail à distance.

- Les PM peuvent explorer ces technologies pour améliorer l'engagement et l'interaction des utilisateurs.

Outils de travail et de collaboration à distance

La pandémie de COVID-19 a accéléré l'adoption d'outils de travail à distance. Les PM doivent se concentrer sur le développement et l'amélioration de solutions prenant en charge les environnements de travail à distance et hybrides.

Les défis de l'industrie technologique

Si l'industrie technologique offre d'énormes opportunités, elle présente également plusieurs défis :

Changement technologique rapide

- Suivre le rythme des progrès technologiques peut être intimidant.
- Les PM doivent rester informés des nouvelles technologies et adapter continuellement leurs stratégies.

Compétition intense

- L'industrie technologique est très compétitive et de nombreuses entreprises se disputent des parts de marché.
- Les PM doivent identifier des propositions de valeur uniques et différencier leurs produits.

Problèmes de réglementation et de conformité

- Les entreprises technologiques doivent naviguer dans des environnements réglementaires complexes, notamment les lois sur la confidentialité des données et les réglementations antitrust.

- Les PM doivent s'assurer que leurs produits sont conformes à toutes les réglementations pertinentes.

Acquisition et rétention de talents

- Attirer et retenir les meilleurs talents est crucial pour réussir.
- Les PM doivent favoriser une culture d'innovation et offrir des opportunités de croissance professionnelle.

Confidentialité des utilisateurs et sécurité des données

- La protection des données des utilisateurs est primordiale et les violations peuvent nuire à la réputation d'une entreprise.
- Les PM doivent donner la priorité à des mesures de sécurité robustes et à des pratiques transparentes en matière de données.

Chapitre 3 : Compétences et qualités d'un chef de produit performant

Les compétences de base

Un chef de produit (PM) performant doit posséder un ensemble diversifié de compétences et de qualités qui lui permettent de gérer efficacement les produits depuis leur création jusqu'à leur succès sur le marché. Ces compétences couvrent les connaissances techniques, la réflexion stratégique et les capacités interpersonnelles. Vous trouverez ci-dessous les compétences et qualités essentielles qui distinguent les PM efficaces.

Vision stratégique

- Compréhension du marché : capacité à analyser les tendances du marché, à comprendre les besoins des clients et à identifier les opportunités d'innovation.
- Planification à long terme : développer une vision produit qui s'aligne sur les objectifs de l'entreprise et créer une feuille de route pour y parvenir.

Compétence technique

- Connaissances techniques : même si les PM n'ont pas besoin d'être des ingénieurs, comprendre les aspects techniques du produit aide à prendre des décisions éclairées et à communiquer efficacement avec l'équipe de développement.
- Compétences en résolution de problèmes : Capacité à relever des défis techniques et à faciliter des solutions réalisables et efficaces.

Esprit centré sur l'utilisateur

- Empathie client : compréhension approfondie des besoins, des problèmes et des comportements des utilisateurs cibles.
- Conception de l'expérience utilisateur (UX) : collaborer avec les équipes de conception pour garantir que le produit est intuitif et répond aux attentes des utilisateurs.

Pensée analytique

- Analyse des données : Maîtrise de l'analyse des données pour éclairer les décisions relatives aux produits, suivre les performances et identifier les domaines à améliorer.
- Basé sur des métriques : définition et suivi d'indicateurs de performance clés (KPI) pour mesurer le succès du produit.

Compétences en communication

- Collaboration interfonctionnelle : Capacité à

communiquer efficacement avec diverses parties prenantes, notamment les équipes d'ingénierie, de conception, de marketing, de vente et de direction.

- Communication persuasive : présenter des idées et des stratégies de manière convaincante pour obtenir l'adhésion des parties prenantes.

Gestion de projet

- Méthodologies Agile : Familiarité avec les pratiques Agile pour gérer efficacement le cycle de vie du développement de produits.
- Gestion du temps : hiérarchiser les tâches et gérer les délais pour garantir la livraison en temps opportun des fonctionnalités du produit.

Leadership et influence

- Leadership d'équipe : inspirer et guider des équipes interfonctionnelles vers un objectif commun.
- Prise de décision : prendre des décisions éclairées et opportunes, souvent face à l'incertitude ou à des informations limitées.

Adaptabilité et résilience

- Flexibilité : Capacité à s'adapter aux conditions changeantes du marché, aux commentaires des clients et aux priorités organisationnelles.
- Résilience : Maintenir son sang-froid et sa persévérance face aux revers et aux défis.

Équilibrer les compétences techniques et les compétences générales

Un PM qui réussit trouve un équilibre entre les compétences techniques et les compétences générales. Les compétences techniques permettent aux PM de comprendre les subtilités du développement de produits et de communiquer efficacement avec les équipes d'ingénierie. Ceux-ci inclus:

- Connaissances techniques : connaissance de la pile technologique, des API et des outils de développement du produit.
- Maîtrise des données : capacité à utiliser des outils d'analyse pour recueillir des informations et prendre des décisions fondées sur les données.

D'un autre côté, les compétences générales sont cruciales pour diriger des équipes, gérer les parties prenantes et comprendre les clients. Ceux-ci inclus:

- Communication et collaboration : établir des relations solides avec les membres de l'équipe et les parties prenantes, et assurer l'alignement au sein de l'organisation.

- Empathie : Comprendre et répondre aux besoins et aux préoccupations des clients et des membres de l'équipe.

Compétences et connaissances spécifiques à l'industrie

Bien que les compétences de base d'un PM soient largement transférables d'un secteur à l'autre, certains secteurs peuvent nécessiter des connaissances spécialisées supplémentaires. Par exemple:

- Industrie technologique : Familiarité avec les cycles de vie du développement de logiciels, le cloud computing, la cybersécurité et les technologies émergentes telles que l'IA et l'apprentissage automatique.
- Soins de santé : Compréhension des exigences réglementaires, des terminologies médicales et des flux de travail de soins aux patients.

- Finance : Connaissance des produits financiers, des réglementations et de la dynamique du marché.

Apprentissage et développement continus

Le rôle d'un PM évolue constamment, nécessitant un engagement envers l'apprentissage et le développement continus. Les PM qui réussissent se tiennent au courant des tendances du secteur, des technologies émergentes et des meilleures pratiques grâce à :

- Cours de développement professionnel : inscription à des cours et à des certifications pertinents pour la gestion de produits et un secteur spécifique.
- Réseautage et mentorat : interagir avec d'autres PM et leaders de l'industrie par le biais de réseaux professionnels, de

conférences et de programmes de
mentorat.

- Lecture et recherche : lire régulièrement
  des publications, des blogs et des livres de
  l'industrie sur la gestion de produits et des
  domaines connexes.

Partie 2 : Préparer la recherche d'emploi

Chapitre 4 : Construire un CV de PM solide

La rédaction d'un CV convaincant est une étape cruciale pour décrocher un emploi en gestion de produits (PM). Votre CV doit mettre en valeur efficacement vos compétences, vos expériences et vos réalisations pour vous démarquer auprès des recruteurs et des responsables du recrutement. Voici un guide pour créer un CV PM solide.

Structurer votre CV pour avoir un impact

Un CV bien structuré est facile à lire et met en évidence les informations les plus importantes. Voici comment structurer votre CV PM :

Coordonnées

Incluez votre nom, votre numéro de téléphone, votre adresse e-mail, votre profil LinkedIn et votre site Web ou portfolio personnel (le cas échéant).
Parcours professionnel

Un résumé bref et convaincant qui met en évidence vos réalisations professionnelles, vos compétences clés et ce que vous apportez au poste de PM.
Exemple : « Chef de produit expérimenté avec plus de 5 ans d'expérience dans l'industrie technologique, spécialisé dans la direction d'équipes interfonctionnelles pour fournir des solutions innovantes qui stimulent l'engagement des utilisateurs et la croissance de l'entreprise. Expérience avérée en matière d'études de marché, de stratégie produit et de prise de décision basée sur les données.

Compétences fondamentales
Une section qui répertorie vos compétences de base et vos compétences techniques pertinentes pour la gestion de produits.

Exemple : méthodologies agiles, recherche sur les utilisateurs, analyse de données, feuille de route, gestion des parties prenantes, culture technique, conception UX/UI, stratégie de marché.

Expérience professionnelle

- Énumérez votre expérience professionnelle par ordre chronologique inverse, en commençant par votre emploi le plus récent.
- Pour chaque poste, indiquez le titre du poste, le nom de l'entreprise, le lieu et les dates d'emploi.
- Utilisez des puces pour décrire vos responsabilités et vos réalisations, en vous concentrant sur les résultats quantifiables.

Par exemple;

Chef de produit, ABC Tech
San Francisco, Californie | Janvier 2020 –
Présent

- Dirigé une équipe interfonctionnelle de 10 personnes pour lancer une nouvelle application mobile, entraînant une augmentation de 30 % de l'engagement des utilisateurs au cours des 6 premiers mois.
- Réalisation d'études de marché et d'entretiens avec les utilisateurs pour identifier les principaux problèmes, conduisant au développement de 5 nouvelles fonctionnalités qui ont amélioré la fidélisation des utilisateurs de 25 %.
- Géré la feuille de route du produit et hiérarchisé les éléments du backlog, garantissant la livraison en temps opportun des fonctionnalités à fort impact.

Éducation

- Incluez vos diplômes universitaires, en commençant par le diplôme le plus récent.
- Mentionnez le diplôme obtenu, l'établissement, le lieu et la date d'obtention du diplôme.

Par exemple;

***Maîtrise en administration des affaires (MBA)
Université de Stanford, Stanford, Californie |
juin 2018***

Certifications et cours

- Répertoriez les certifications et les cours pertinents qui améliorent vos qualifications en tant que PM.
- Exemple : Certified Scrum Product Owner (CSPO), Pragmatic Marketing Certified (PMC), Data Science for Business Leaders (Coursera).

Projets

- Mettez en valeur les projets importants sur lesquels vous avez travaillé, surtout s'ils mettent en valeur vos compétences en gestion de projet.
- Incluez le titre du projet, votre rôle et les principales réalisations ou résultats.

Par exemple;

Projet : Lancement de la plateforme de commerce électronique
Rôle : Chef de produit principal
- Dirigé le développement et le lancement d'une nouvelle plateforme de commerce électronique, réalisant une augmentation de 20 % des ventes en ligne au premier trimestre.

Informations Complémentaires

- Cette section peut inclure le travail bénévole pertinent, les langues parlées ou d'autres intérêts qui pourraient être pertinents pour le rôle de PM.

Mettre en valeur les expériences et les réalisations pertinentes

Pour que votre CV se démarque, concentrez-vous sur la mise en évidence des expériences et des réalisations directement pertinentes pour le rôle de PM. Voici quelques conseils:

Quantifiez vos réalisations

- Utilisez des chiffres pour démontrer l'impact de votre travail (par exemple, pourcentage d'augmentation de l'engagement des utilisateurs, croissance des revenus, économies de coûts).
- Exemple : « Augmentation de la fidélisation des utilisateurs de 20 % grâce à la mise en œuvre d'un nouveau processus d'intégration. »

Concentrez-vous sur les résultats

- Mettez l'accent sur les résultats de vos actions plutôt que de simplement lister les tâches.
- Exemple : « Diriger une équipe interfonctionnelle pour proposer une nouvelle fonctionnalité qui a entraîné une

augmentation de 15 % du nombre d'utilisateurs actifs mensuels. »

Mettre en valeur le leadership et la collaboration

- Mettez en valeur votre capacité à diriger des équipes et à collaborer avec diverses parties prenantes.
- Exemple : « Coordonné avec les équipes d'ingénierie, de conception et de marketing pour garantir des lancements de produits fluides. »

Inclure des mots clés pertinents

- Adaptez votre CV pour inclure des mots-clés de la description de poste à transmettre via les systèmes de suivi des candidats (ATS).
- Exemple : si la description de poste mentionne « feuille de route » et « recherche d'utilisateurs », assurez-vous que ces termes figurent en bonne place dans votre CV.

Adaptez votre CV à différentes entreprises

Différentes entreprises ont des cultures et des valeurs différentes. Adapter votre CV à chaque candidature peut augmenter considérablement vos chances de vous faire remarquer. Voici comment:

Faites des recherches sur l'entreprise

- Comprenez les produits, les valeurs et le rôle spécifique pour lequel vous postulez.
- Exemple : si vous postulez auprès d'une entreprise connue pour sa culture axée sur les données, mettez l'accent sur votre expérience en matière d'analyse de données et de prise de décision basée sur des mesures.

Alignez votre résumé professionnel

- Personnalisez votre résumé professionnel pour refléter les besoins et la culture de l'entreprise.
- Exemple : Si l'entreprise valorise l'innovation, mettez en valeur votre expérience avec des solutions de produits innovantes.

Faites correspondre votre expérience avec la description de poste

- Ajustez vos puces pour mettre l'accent sur les expériences qui correspondent aux exigences du poste.
- Exemple : si la description de poste met en évidence la nécessité d'une expérience avec les méthodologies Agile, assurez-vous que votre expérience Agile est clairement détaillée.

Présenter des projets et des réalisations pertinents

- Sélectionnez les projets et les réalisations les plus pertinents pour le secteur d'activité de l'entreprise et le rôle.
- Exemple : Pour une entreprise du secteur fintech, mettez en valeur votre expérience en matière de produits financiers et de conformité.

Chapitre 5 : Rédiger une lettre de motivation convaincante

Une lettre de motivation est un élément crucial de votre candidature à un poste de gestion de produits (PM). C'est l'occasion de vous présenter, de mettre en évidence vos expériences les plus pertinentes et d'expliquer pourquoi vous correspondez parfaitement au poste. Vous trouverez ci-dessous un guide complet pour rédiger une lettre de motivation convaincante qui attirera l'attention des recruteurs et des responsables du recrutement.

Objectif et structure d'une lettre de motivation

Une lettre de motivation doit compléter votre CV en fournissant un contexte supplémentaire et en mettant en valeur votre personnalité. Il se compose généralement des sections suivantes :

Entête

- Incluez vos coordonnées (nom, numéro de téléphone, adresse e-mail) et la date.
- Ajoutez le nom, le titre, l'entreprise et l'adresse du destinataire.

Par exemple;

.John Doe
123, rue Principale
Ville, État, code postal
johndoe@example.com
7 juin 2024

Jane Smith
Gestionnaire d'embauche
Innovations technologiques inc.
456 Entraînement technologique
Ville, État, code postal

Salutation

- Adressez-vous au responsable du recrutement par son nom. Si le nom n'est pas disponible, utilisez un message d'accueil générique tel que « Cher responsable du recrutement ».
- Exemple : « Chère Mme Smith »

Introduction

- Présentez-vous et mentionnez le poste pour lequel vous postulez.
- Incluez une brève déclaration expliquant pourquoi vous êtes intéressé par le poste et l'entreprise.
- Exemple : « J'écris pour exprimer mon intérêt pour le poste de chef de produit chez Tech Innovations Inc. Avec plus de cinq ans d'expérience en gestion de produits et une passion pour le développement de solutions innovantes, je suis enthousiasmé par l'opportunité de contribuer à votre équipe. »

Corps

- Premier paragraphe : mettez en valeur votre expérience et vos compétences les plus pertinentes. Expliquez comment votre parcours correspond aux exigences du poste.
- Exemple : « Dans mon précédent rôle de chef de produit chez ABC Tech, j'ai dirigé avec succès une équipe interfonctionnelle pour développer et lancer une application mobile qui a augmenté l'engagement des utilisateurs de 30 % en six mois. Ma capacité à mener des études de marché approfondies, combinée à mes compétences techniques, m'a permis d'identifier les principaux problèmes des clients et de développer des fonctionnalités qui ont considérablement amélioré la fidélisation des utilisateurs.
- Deuxième paragraphe : fournissez des exemples spécifiques de vos réalisations. Utilisez des mesures pour quantifier votre impact.

- Exemple : « L'une de mes réalisations notables a été de gérer le développement d'une nouvelle plateforme de commerce électronique, qui a entraîné une augmentation de 20 % des ventes en ligne au premier trimestre. En collaborant étroitement avec les équipes d'ingénierie, de conception et de marketing, je me suis assuré que le projet était livré à temps et atteignait tous les objectifs de performance.
- Troisième paragraphe : Expliquez pourquoi vous êtes particulièrement intéressé par cette entreprise et comment vous pouvez contribuer à sa réussite.
- Exemple : « Je suis particulièrement impressionné par l'engagement de Tech Innovations Inc. envers une technologie de pointe et une approche centrée sur le client. Je suis impatient d'apporter mon expérience des méthodologies agiles et de la conception centrée sur l'utilisateur à votre équipe pour contribuer au succès de vos produits de nouvelle génération.

Conclusion

- Résumez votre intérêt pour le poste et l'entreprise.
- Exprimez votre enthousiasme pour l'opportunité de discuter davantage de votre candidature.
- Remerciez le responsable du recrutement pour son temps et sa considération.
- Exemple : « Merci d'avoir pris en compte ma candidature. Je suis enthousiasmé par la possibilité de rejoindre Tech Innovations Inc. et de contribuer à vos projets innovants. J'attends avec impatience l'opportunité de discuter de la façon dont mes compétences et mes expériences correspondent à vos besoins. N'hésitez pas à me contacter dans les meilleurs délais. »

Clôture et signature

- Utilisez une conclusion professionnelle telle que « Cordialement » ou « Cordialement ».
- Incluez votre nom complet.

Par exemple;

Sincèrement,
John Doe

Présenter votre aptitude au poste de PM

Votre lettre de motivation doit démontrer que vous comprenez les besoins de l'entreprise et que vous possédez les compétences et l'expérience nécessaires pour y répondre. Voici quelques conseils:

Faites des recherches sur l'entreprise

- Comprendre les produits, la mission, les valeurs et les réalisations récentes de l'entreprise.

- Adaptez votre lettre de motivation pour refléter cette compréhension et expliquez pourquoi vous êtes enthousiasmé par cette opportunité.

Faites correspondre vos compétences à la description du poste

- Mettez en valeur les compétences et les expériences mentionnées dans la description de poste.
- Utilisez des exemples spécifiques tirés de vos rôles passés pour montrer comment vous avez appliqué avec succès ces compétences.

Démontrez vos capacités à résoudre des problèmes

- Les PM ont besoin de solides compétences en résolution de problèmes. Mettez en évidence des exemples dans lesquels vous avez identifié un problème, développé une solution et l'avez mise en œuvre avec succès.

- Exemple : « Chez XYZ Corp, j'ai identifié que notre processus d'intégration des utilisateurs entraînait un taux de désabonnement élevé. J'ai dirigé un projet visant à repenser l'expérience d'intégration, entraînant une augmentation de 25 % de la fidélisation des utilisateurs.

Mettez en valeur vos compétences en leadership et en collaboration

- Les PM doivent travailler efficacement avec des équipes interfonctionnelles. Fournissez des exemples de la façon dont vous avez dirigé des équipes et collaboré avec différents départements.
- Exemple : « J'ai dirigé une équipe d'ingénieurs, de concepteurs et de spécialistes du marketing pour lancer une nouvelle fonctionnalité qui a augmenté l'engagement des utilisateurs de 40 %. Mon approche collaborative a permis de

garantir que toutes les parties prenantes étaient alignées et que le projet a été réalisé avec succès.

Conseils pour faire ressortir votre lettre de motivation

Soyez concis

- Gardez votre lettre de motivation sur une seule page. Soyez clair et précis, en évitant les détails inutiles.

Utilisez un ton professionnel

- Gardez un ton professionnel tout au long de la lettre. Évitez les propos trop décontractés, mais laissez transparaître votre personnalité.

Relire

- Assurez-vous qu'il n'y a pas d'erreurs grammaticales ou de fautes de frappe. Une lettre bien rédigée reflète votre souci du détail.

Personnalisez chaque lettre

- Adaptez chaque lettre de motivation au poste et à l'entreprise spécifiques. Évitez d'utiliser un modèle générique pour toutes les applications.

Inclure un appel à l'action

- Encouragez le responsable du recrutement à passer à l'étape suivante, qu'il s'agisse de planifier un entretien ou de vous contacter pour plus d'informations.

Chapitre 6 : Stratégies de réseautage

La mise en réseau est un élément essentiel pour décrocher un emploi de gestion de produits (PM). Construire un réseau professionnel solide peut vous aider à mieux comprendre le secteur, à découvrir des opportunités d'emploi et à recevoir de précieux conseils et mentorats.

Comprendre l'importance du réseautage

Le réseautage ne se limite pas à établir des connexions ; il s'agit d'établir des relations qui peuvent soutenir votre évolution de carrière. Pour les PM, le réseautage peut fournir :

Accès aux opportunités d'emploi cachées

- De nombreux postes de PM sont pourvus grâce à des références et des recommandations internes. Le réseautage peut vous aider à exploiter ces marchés du travail cachés.

Aperçus et tendances du secteur

- Rester en contact avec les professionnels du secteur vous permet de vous tenir au courant des dernières tendances, technologies et meilleures pratiques en matière de gestion de produits.

Mentorat et orientation

- Les PM expérimentés peuvent vous offrir de précieux conseils, partager leurs expériences et vous guider dans votre progression de carrière.

Développement professionnel

- Le réseautage peut ouvrir les portes à des allocutions, à des tables rondes et à des opportunités de contribuer aux publications de l'industrie, améliorant ainsi votre profil professionnel.

Construire votre réseau professionnel

Voici plusieurs stratégies pour bâtir et élargir efficacement votre réseau professionnel :

Tirer parti de LinkedIn

- Optimisez votre profil : assurez-vous que votre profil LinkedIn est complet, à jour et met en valeur vos compétences et réalisations en matière de PM.
- Connectez-vous avec des professionnels du secteur : envoyez des demandes de connexion personnalisées aux PM, aux recruteurs et à d'autres professionnels concernés.

- Interagissez avec le contenu : partagez des articles, commentez des publications et participez à des discussions pour augmenter votre visibilité et démontrer votre expertise.

Participer à des événements et des conférences de l'industrie

- Conférences sur la gestion de produits : des événements tels que Mind the Product, ProductCamp et des conférences spécifiques à un secteur offrent d'excellentes opportunités de réseautage.
- Ateliers et rencontres : participez à des rencontres et à des ateliers PM locaux ou virtuels pour vous connecter avec des professionnels partageant les mêmes idées.

Rejoignez des associations et des groupes professionnels

- Associations industrielles : des organisations telles que la Product Development and Management Association (PDMA) proposent des événements de réseautage, des ressources et des opportunités de développement professionnel.
- Communautés en ligne : rejoignez des forums en ligne, des groupes Slack et des groupes de réseaux sociaux axés sur la gestion de produits.

Participer à des entretiens d'information

- Demander des entretiens d'information : contactez les PM des entreprises qui vous intéressent et demandez de courts entretiens d'information pour en savoir plus sur leurs expériences et leurs idées.
- Préparez des questions réfléchies : posez des questions sur leur cheminement de carrière, les défis auxquels ils sont confrontés et des conseils pour quelqu'un qui cherche à entrer dans le domaine.

Participer à des webinaires et des cours en ligne

- Webinaires : assistez à des webinaires organisés par des leaders de l'industrie pour apprendre et réseauter avec les participants et les conférenciers.
- Cours en ligne : inscrivez-vous à des cours PM qui offrent des éléments de réseautage, tels que des projets de groupe ou des forums de discussion.

Bénévole pour les événements et initiatives PM

- Opportunités de bénévolat : proposez d'aider à organiser ou à soutenir des événements PM, des rencontres ou des conférences. Cela peut fournir un accès aux coulisses et vous aider à établir des liens solides.

Nourrir et entretenir votre réseau

Construire un réseau n'est que le début ; il est crucial de maintenir et d'entretenir ces relations. Voici comment:

Faites un suivi et restez en contact

- Enregistrements réguliers : contactez périodiquement vos contacts pour rattraper et maintenir la relation. Partagez des mises à jour sur votre carrière et renseignez-vous sur leurs projets récents.
- Envoyer des notes de remerciement : après avoir rencontré quelqu'un de nouveau ou reçu de l'aide, envoyez une note de remerciement pour exprimer votre appréciation.

Proposer de l'aide et ajouter de la valeur

- Soyez une ressource : partagez des articles utiles, des offres d'emploi et des informations sur le secteur avec votre réseau.

- Soutenez les autres : offrez votre aide lorsque vous le pouvez, qu'il s'agisse de faire une introduction, de fournir des commentaires ou de donner des conseils.

Engagez-vous sur les réseaux sociaux

- Interagissez avec le contenu : aimez, commentez et partagez les publications de vos relations pour rester visible et engagé.
- Créez et partagez votre propre contenu : établissez-vous en tant que leader d'opinion en partageant vos propres idées et expériences.

Participez régulièrement à des événements de réseautage

- Participation cohérente : prenez l'habitude d'assister régulièrement aux événements et aux rencontres de l'industrie pour continuer à élargir votre réseau et rester connecté.

Rejoignez et contribuez à des groupes de pairs

- Groupes de responsabilité : rejoignez ou formez de petits groupes de pairs qui se réunissent régulièrement pour discuter des objectifs, des défis et des progrès de leur carrière.
- Cercles de mentorat : participez ou organisez des cercles de mentorat où vous pouvez à la fois donner et recevoir des conseils.

Réseautage pour les introvertis

Le réseautage peut être intimidant, surtout pour les introvertis. Voici quelques conseils pour le rendre plus gérable :

Préparez-vous à l'avance

- Fixez-vous des objectifs : identifiez des objectifs spécifiques pour chaque événement de réseautage, comme rencontrer un certain nombre de personnes ou se connecter avec une personne occupant un rôle spécifique.

- Pratiquez votre argumentaire : préparez une brève introduction sur vous-même et sur ce que vous recherchez dans votre carrière.

Commencer petit

- Commencez par des réunions individuelles : si les grands événements sont trop nombreux, commencez par planifier des discussions en tête-à-tête ou des entretiens d'information.
- Utilisez les plateformes en ligne : participez à un réseautage en ligne où vous pouvez prendre votre temps pour élaborer des réponses réfléchies.

Tirer parti des compétences d'écoute

- Posez des questions ouvertes : encouragez les autres à parler d'eux-mêmes et de leurs expériences. Cela peut vous soulager de la pression et vous aider à établir des liens plus profonds.

Suivi après les événements

- Envoyer des messages personnalisés : après avoir rencontré quelqu'un de nouveau, envoyez un message de suivi personnalisé pour poursuivre la conversation et exprimer votre intérêt à rester connecté.

Partie 3 : Le processus de candidature

Chapitre 7 : Trouver des opportunités d'emploi PM

Obtenir un poste de gestion de produits (PM) nécessite une approche proactive de la recherche d'emploi. Comprendre où chercher et comment vous positionner efficacement peut augmenter considérablement vos chances d'obtenir le poste souhaité.

Utiliser Sites d'emploi et sites Web d'entreprises

Principaux sites d'emploi

- LinkedIn : utilisez la fonction de recherche d'emploi de LinkedIn pour trouver des postes de PM. Configurez des alertes d'emploi pour être informé des nouvelles offres. Participez à des groupes LinkedIn liés à la gestion des produits pour rester informé.

- En effet : utilisez des filtres pour affiner votre recherche aux postes de PM dans des secteurs ou des lieux spécifiques. Mettez régulièrement à jour votre CV sur la plateforme pour attirer les recruteurs.
- Glassdoor : consultez les avis sur les entreprises et les informations sur les salaires pour identifier les employeurs potentiels et comprendre leurs tendances en matière d'embauche.

Sites d'emploi spécialisés

- AngelList : se concentre sur les startups et les entreprises technologiques, offrant de nombreuses opportunités de PM.
- ProductHired : dédié aux emplois de gestion de produits, offrant un large éventail d'annonces allant des postes de débutant aux postes supérieurs.

- HackerRank : Bien qu'il s'agisse principalement d'une plate-forme pour les rôles techniques, elle répertorie également les emplois PM, en particulier ceux nécessitant des compétences techniques.

Pages de carrière de l'entreprise

- Candidatures ciblées : identifiez les entreprises qui vous intéressent et consultez régulièrement leurs pages carrière pour connaître les postes vacants en tant que PM.
- Rejoignez les pools de talents : de nombreuses entreprises offrent la possibilité de rejoindre leur pool de talents, ce qui peut conduire à des notifications sur les ouvertures pertinentes.

Réseautage et références

Exploitez votre réseau existant

- Contactez vos contacts : informez votre réseau que vous recherchez des opportunités de PM. Les personnes de votre réseau peuvent être au courant de postes vacants non annoncés ou peuvent vous recommander en interne.
- Réseaux d'anciens élèves : connectez-vous avec des anciens élèves de votre université qui travaillent dans la gestion de produits ou dans des domaines connexes.

Participer à des événements de l'industrie

- Conférences et rencontres : des événements tels que ProductCamp, Mind the Product et les rencontres PM locales offrent des opportunités de réseautage et comportent souvent des sites d'emploi ou des sessions de recrutement.
- Webinaires et ateliers : participez à des événements en ligne où vous pourrez interagir avec des leaders et des professionnels de l'industrie.

Communautés en ligne

- Groupes de médias sociaux : rejoignez des groupes LinkedIn, des chaînes Slack et des forums dédiés à la gestion de produits. Participez à des discussions et partagez vos objectifs de recherche d'emploi.
- Associations professionnelles : devenez membre d'organisations telles que la Product Development and Management Association (PDMA) pour accéder à des sites d'emploi exclusifs et à des événements de réseautage.

Tirer parti des agences de recrutement

Recruteurs spécialisés

- Agences axées sur les PM : travaillez avec des agences de recrutement spécialisées dans le placement de chefs de produits.

Ces agences entretiennent des liens étroits avec des entreprises à la recherche de talents PM.

- Recruteurs technologiques : engagez-vous avec des recruteurs axés sur la technologie qui ont souvent des rôles de PM parmi leurs listes.

Chasseurs de têtes

- Cabinets de recherche de cadres : pour les postes de PM senior, les cabinets de recherche de cadres (chasseurs de têtes) peuvent être particulièrement efficaces pour trouver des opportunités de haut niveau.

Améliorer votre présence en ligne

Créez un profil LinkedIn solide

- Optimisez votre profil : assurez-vous que votre profil LinkedIn est complet et met en valeur vos compétences, expériences et réalisations en matière de PM.

- Publiez régulièrement : partagez des informations sur le secteur, des articles et votre propre contenu pour vous établir en tant que leader d'opinion en matière de gestion de produits.

Site Web ou portfolio personnel

- Présentez votre travail : créez un site Web personnel ou un portfolio en ligne pour afficher vos projets, études de cas et réalisations en matière de gestion de produits.
- Incluez des témoignages : ajoutez des recommandations de collègues, de gestionnaires et de parties prenantes pour renforcer la crédibilité.

Participez à des discussions en ligne

- Blogs et forums de gestion de produits : contribuez aux discussions sur des plateformes telles que Medium, Quora et des forums PM spécialisés. Cela peut vous aider à renforcer votre visibilité et à vous connecter avec d'autres professionnels.

Postuler directement et faire un suivi

Applications sur mesure

- Personnalisez votre CV et votre lettre de motivation : adaptez votre CV et votre lettre de motivation pour chaque candidature, en mettant en évidence les compétences et les expériences les plus pertinentes pour le poste spécifique.
- Mettre en évidence les réalisations : concentrez-vous sur les réalisations quantifiables qui démontrent votre impact en tant que PM.

Suivi

- Post-candidature : après avoir soumis votre candidature, envoyez un e-mail au recruteur ou au responsable du recrutement pour exprimer votre intérêt continu.
- Suivi de réseautage : si vous avez rencontré quelqu'un lors d'un événement ou grâce au réseautage, effectuez un suivi avec un message personnalisé pour renforcer votre connexion et vous renseigner sur les opportunités.

Tirer parti du travail indépendant et contractuel

Plateformes indépendantes

- Upwork et Freelancer : explorez les plateformes indépendantes sur lesquelles les entreprises publient des projets PM à court terme. Cela peut conduire à des opportunités à plus long terme ou à des postes à temps plein.

- Toptal : rejoignez des plateformes qui mettent en relation les meilleurs indépendants avec des entreprises à la recherche de compétences spécialisées, notamment en gestion de produits.

Contrat de travail

- Contrats temporaires : envisagez des rôles de PM contractuels, qui peuvent fournir une expérience précieuse et potentiellement conduire à des postes permanents.
- Projets de conseil : proposez votre expertise PM à titre de conseil aux entreprises qui ont besoin d'une aide temporaire ou basée sur un projet.

Rester à jour avec les tendances de l'industrie

Apprentissage continu

- Cours et certifications en ligne : inscrivez-vous à des cours et obtenez des certifications en gestion de produits, en méthodologies agiles et dans des domaines connexes pour améliorer vos compétences et votre valeur marchande.
- Lecture et recherche : restez à jour avec les dernières tendances, technologies et meilleures pratiques en lisant des blogs, des livres et des publications de l'industrie.

Développement professionnel

- Ateliers et séminaires : participez à des ateliers et à des séminaires pour développer continuellement vos compétences et vos connaissances.

- Programmes de mentorat : recherchez le mentorat de PM expérimentés pour obtenir des informations et des conseils sur la navigation dans votre carrière.

Chapitre 8 : Soumettre votre candidature

Le dépôt de votre candidature est une étape cruciale dans le processus de recherche d'emploi. Ce chapitre couvre les meilleures pratiques pour préparer et soumettre une candidature convaincante qui capte l'attention des recruteurs et des responsables du recrutement, vous donnant ainsi les meilleures chances d'obtenir un entretien pour un rôle de gestion de produit (PM).

Préparer vos documents de candidature
Avant de soumettre votre candidature, assurez-vous que tous vos documents sont soignés et adaptés au poste spécifique pour lequel vous postulez.

CV

- Adaptez votre CV : personnalisez votre CV pour chaque candidature en mettant en évidence les expériences et les compétences pertinentes qui correspondent à la description du poste. Utilisez des mots-clés de l'offre d'emploi pour réussir les systèmes de suivi des candidats (ATS).
- Concentrez-vous sur les réalisations : mettez l'accent sur vos réalisations avec des mesures quantifiables. Par exemple, « Augmentation de l'engagement des utilisateurs de 30 % » ou « Lancement d'un nouveau produit qui a généré 1 million de dollars de revenus au cours de la première année ».
- Relisez : assurez-vous que votre CV est exempt d'erreurs grammaticales et de fautes de frappe. Un CV propre et bien formaté reflète votre souci du détail.

Lettre de motivation

- Personnalisez votre lettre : adressez-vous au responsable du recrutement par son nom et adaptez le contenu à l'entreprise et au rôle spécifiques. Mentionnez pourquoi le poste vous intéresse et comment vos compétences correspondent aux besoins de l'entreprise.
- Mettez en évidence les expériences clés : utilisez la lettre de motivation pour développer vos expériences les plus pertinentes, en fournissant un contexte et des exemples qui mettent en valeur vos qualifications.
- Montrez votre enthousiasme : exprimez votre enthousiasme pour l'opportunité et l'entreprise. Une lettre de motivation passionnée peut vous démarquer.

Documents supplémentaires

- Portfolio : le cas échéant, incluez un lien vers votre portfolio ou votre site Web personnel où vous présentez vos projets, études de cas et autres travaux pertinents.

- Références : préparez une liste de références professionnelles qui peuvent garantir vos compétences et vos expériences. Incluez leurs noms, titres, coordonnées et votre relation avec eux.

Soumettre votre candidature

Une fois vos documents de candidature prêts, suivez ces bonnes pratiques pour les soumettre efficacement :

Suivre les instructions

- Lisez attentivement l'offre d'emploi : assurez-vous de bien comprendre les instructions de candidature et de soumettre tous les documents requis. Certaines offres d'emploi peuvent nécessiter un format spécifique ou des informations supplémentaires.
- Nommez vos fichiers de manière appropriée : utilisez des noms de fichiers clairs et professionnels pour vos

documents, tels que «
John_Doe_Resume.pdf » et «
John_Doe_Cover_Letter.pdf ».

Utilisez la méthode de soumission préférée

- Candidatures en ligne : soumettez votre candidature via le portail de carrière de l'entreprise ou le site d'emploi où le poste est répertorié. Assurez-vous de remplir tous les champs obligatoires et de télécharger vos documents correctement.
- Candidatures par courrier électronique : si l'offre d'emploi demande des soumissions par courrier électronique, suivez ces directives :
- Ligne d'objet : utilisez une ligne d'objet claire, telle que « Candidature au poste de chef de produit – John Doe ».
- Corps de l'e-mail : rédigez un message bref et professionnel en vous présentant et en indiquant que vous avez joint votre CV et votre lettre de motivation.

- Pièces jointes : joignez vos documents dans le format demandé (par exemple, PDF) et vérifiez qu'ils sont correctement joints.

Personnalisez votre e-mail (le cas échéant)

- Adressez-vous au responsable du recrutement : si vous connaissez le nom du responsable du recrutement, adressez-vous directement à lui dans votre e-mail. Cela montre que vous avez fait vos recherches et ajoute une touche personnelle.
- Brève introduction : rédigez une introduction concise, résumant votre intérêt pour le poste et mentionnant tous les points clés qui font de vous un candidat solide.

Relisez et revérifiez

- Examinez votre candidature : avant de cliquer sur Soumettre, examinez votre

CRAQUER LE CODE PM

candidature une dernière fois pour vous
assurer que tout est exact et complet.

- Vérifiez les pièces jointes : assurez-vous
que tous les documents requis sont joints
et qu'ils s'ouvrent correctement.

Suivi après la soumission

Le suivi de votre candidature peut démontrer
votre enthousiasme et votre persévérance, mais il
est important de le faire de manière
professionnelle.

Horaire

- Attendez un délai raisonnable : Attendez
environ une à deux semaines après avoir
soumis votre demande avant de donner
suite. Cela donne à l'employeur le temps
d'examiner vos documents.

Méthode de suivi

94

- Suivi par e-mail : envoyez un e-mail de suivi poli au responsable du recrutement ou au recruteur. Si leurs coordonnées ne sont pas disponibles, vous pouvez effectuer un suivi via l'e-mail de contact général de l'entreprise ou LinkedIn.

Exemple d'e-mail de suivi :

Objet : Suivi de la candidature de Product Manager

Cher [Nom du responsable du recrutement],

J'espère que ce message vous trouvera bien. J'ai récemment soumis ma candidature pour le poste de chef de produit chez [Nom de l'entreprise] et je souhaitais faire un suivi pour exprimer mon intérêt continu pour ce poste.

Je suis très enthousiasmé par l'opportunité de rejoindre votre équipe et de contribuer aux projets innovants de [Nom de l'entreprise]. Si je peux fournir des informations supplémentaires ou si vous avez besoin de plus de détails sur ma candidature, veuillez me le faire savoir.

Merci d'avoir examiné ma demande. J'attends avec impatience la possibilité de discuter de la manière dont mon parcours, mes compétences et mes expériences correspondent aux besoins de votre équipe.

Cordialement,
[Votre nom]

Suivi LinkedIn

- Connectez-vous sur LinkedIn : si vous ne l'avez pas déjà fait, connectez-vous avec le responsable du recrutement ou le recruteur sur LinkedIn. Envoyez une demande de connexion personnalisée mentionnant votre candidature.

Exemple de message LinkedIn :

Bonjour [Nom du responsable du recrutement],

J'ai récemment postulé pour le poste de chef de produit chez [Nom de l'entreprise] et je voulais me connecter pour exprimer mon enthousiasme pour cette opportunité. Je pense que mon expérience en [expérience ou compétence spécifique] conviendrait parfaitement à votre équipe.

Dans l'attente de pouvoir discuter davantage de ma candidature.

Cordialement,
[Votre nom]

Partie 4 : Préparation aux entretiens

Chapitre 9 : Types d'entretiens avec le PM

Les entretiens de gestion de produits (PM) consistent généralement en différents types d'évaluations conçues pour évaluer vos compétences, vos expériences et votre adéquation au poste. Comprendre les différents types d'entretiens PM et à quoi s'attendre peut vous aider à vous préparer efficacement et à augmenter vos chances de succès.

1. Entretiens comportementaux

Objectif : les entretiens comportementaux évaluent vos expériences et comportements passés pour prédire vos performances futures dans un rôle de PM.

Format:

- Questions : il vous sera demandé de fournir des exemples précis de situations que vous avez rencontrées dans vos fonctions précédentes, telles que gérer des conflits, prendre des décisions sous pression ou diriger une équipe.
- Méthode STAR : structurez vos réponses à l'aide du cadre Situation, Tâche, Action, Résultat (STAR) pour fournir des réponses concises et structurées.

Exemple de question : « Parlez-moi d'une époque où vous deviez prioriser plusieurs projets concurrents avec des délais serrés. Comment avez-vous abordé la situation et quel a été le résultat ?

2. Entretiens de cas
Objectif : les entretiens de cas évaluent vos compétences en matière de résolution de problèmes, d'analyse et de prise de décision en vous présentant un problème ou un scénario commercial hypothétique.

Format:

- Étude de cas : vous recevrez une analyse de rentabilisation liée à la gestion de produits, comme le lancement d'un nouveau produit, l'entrée sur un nouveau marché ou la résolution d'un problème d'utilisateur spécifique.
- Analyse : vous devrez analyser le cas, identifier les problèmes clés, proposer des solutions et justifier vos recommandations.
- Discussion interactive : attendez-vous à engager un dialogue avec l'intervieweur, qui peut remettre en question vos hypothèses ou poser des questions de suivi.

Exemple de scénario : « Vous êtes chargé d'améliorer le taux de fidélisation des utilisateurs pour une application mobile. Comment aborderiez-vous ce problème et quelles stratégies mettriez-vous en œuvre ? »

3. Entretiens sur le sens du produit

Objectif : Les entretiens de sens du produit évaluent votre compréhension des principes de gestion de produits, votre capacité à réfléchir de manière critique aux décisions relatives aux produits et votre intuition produit.

Format:

- Questions sur la conception de produits : une idée de produit ou de fonctionnalité vous sera présentée et vous serez invité à la concevoir ou à l'améliorer. Cela peut impliquer de discuter des besoins des utilisateurs, de définir des fonctionnalités, du wireframing ou de prioriser les améliorations.
- Discussion stratégique : il vous sera peut-être demandé de discuter de la stratégie produit, du positionnement sur le marché, de l'analyse concurrentielle ou des tactiques de croissance pour un produit ou un marché donné.

Exemple de question : « Comment concevriez-vous une fonctionnalité pour améliorer l'engagement sur une plateforme de médias sociaux pour les jeunes adultes ? »

4. Entretiens techniques (facultatif)

Objectif : Les entretiens techniques évaluent votre compréhension des concepts techniques pertinents pour la gestion de produits, en particulier dans les industries orientées vers la technologie.

Format:

- Questions techniques : il vous sera peut-être demandé de résoudre des problèmes techniques liés au développement de logiciels, à l'analyse de données ou à l'architecture du système.
- Exercices de codage : certaines entreprises peuvent vous demander de réaliser des exercices de codage ou d'analyser des extraits de code pour démontrer vos compétences techniques.

- Alignement produit et technologie : l'accent est mis sur l'évaluation de votre capacité à combler l'écart entre les exigences du produit et la mise en œuvre technique.

Exemple de question : « Comment prioriseriez-vous les demandes de fonctionnalités émanant de parties prenantes présentant une complexité technique variable ? »

5. Entretiens de leadership et de collaboration

Objectif : Les entretiens de leadership et de collaboration évaluent votre capacité à diriger des équipes interfonctionnelles, à influencer les parties prenantes et à travailler efficacement dans un environnement collaboratif.

Format:

- Scénarios de jeu de rôle : il vous sera peut-être demandé de simuler des interactions avec des membres de l'équipe, des parties prenantes ou des clients pour démontrer vos compétences en communication et en leadership.

- Dynamique d'équipe : attendez-vous à des questions sur votre expérience de travail au sein d'équipes interfonctionnelles, de résolution de conflits et de recherche de consensus.
- Gestion des parties prenantes : vous pouvez discuter de la manière dont vous avez géré les relations avec les parties prenantes internes et externes pour atteindre les objectifs du produit.

Exemple de scénario : « Vous dirigez un projet avec des délais serrés et des priorités contradictoires de la part de différents départements. Comment feriez-vous face à cette situation et assureriez-vous le succès du projet ? »

6.Entretiens d'adéquation culturelle

Objectif : les entretiens d'adéquation culturelle évaluent votre alignement avec les valeurs, la culture et la dynamique d'équipe de l'entreprise.

Format:

- Questions comportementales : à l'instar des entretiens comportementaux, vous serez interrogé sur vos expériences passées, mais en mettant l'accent sur la manière dont elles démontrent leur alignement avec la culture de l'entreprise.
- Alignement des valeurs : attendez-vous à des questions sur vos valeurs personnelles, votre éthique de travail et votre approche du travail d'équipe et de la collaboration.
- Compatibilité avec l'entreprise : l'intervieweur peut sonder votre intérêt pour l'entreprise, sa mission et ses produits afin d'évaluer votre enthousiasme et votre adéquation.

Exemple de question : « Pouvez-vous partager un exemple d'un moment où vous avez incarné l'une des valeurs de notre entreprise dans votre travail précédent ? »

Chapitre 10 : Questions courantes d'entretien avec le PM

Se préparer à un entretien de gestion de produit (PM) implique d'anticiper et de pratiquer les réponses à un large éventail de questions. Bien que les questions d'entretien puissent varier en fonction de l'entreprise, du rôle et des préférences de l'intervieweur, certains thèmes et types de questions sont couramment rencontrés dans les entretiens PM.

1. Contexte et expérience
- Expliquez-moi votre CV : fournissez un bref aperçu de votre parcours professionnel, en mettant en évidence les expériences et les réalisations pertinentes.
- Pourquoi avez-vous choisi une carrière dans la gestion de produits ?

- Décrivez un projet que vous avez dirigé depuis sa création jusqu'à son lancement : discutez de votre rôle, des défis rencontrés et des résultats obtenus.

2. Sens du produit et stratégie
   - Comment hiérarchiser les fonctionnalités sur une feuille de route produit ?
   - Pouvez-vous décrire un produit que vous admirez ? Qu'est-ce qui fait son succès ?
   - Comment aborderiez-vous l'amélioration de l'engagement des utilisateurs sur notre plateforme ?
   - Quelles mesures utiliseriez-vous pour mesurer le succès d'une fonctionnalité d'un produit ?
   - Comment restez-vous informé des tendances du secteur et des besoins des clients ?

3. Compétences en résolution de problèmes et en analyse

- Comment aborderiez-vous la résolution d'un problème complexe avec des informations limitées ?
- Pouvez-vous m'expliquer votre processus de prise de décision lorsque vous êtes confronté à des priorités concurrentes ?
- Décrivez un moment où vous avez dû prendre une décision difficile. Comment l'avez-vous abordé ?
- Comment réagiriez-vous à une baisse soudaine de l'engagement des utilisateurs pour un produit que vous gérez ?

4. Leadership et collaboration
- Parlez-moi d'une époque où vous avez dû influencer des parties prenantes ayant des points de vue opposés.
- Comment favorisez-vous la collaboration et l'alignement entre les équipes interfonctionnelles ?
- Décrivez un projet réussi dans lequel vous avez dirigé une équipe pour atteindre un objectif ambitieux.

- Pouvez-vous donner un exemple d'un moment où vous avez réussi à résoudre un conflit au sein d'une équipe ?

5. Conception du produit et expérience utilisateur
- Comment concevriez-vous une fonctionnalité pour répondre à un problème spécifique d'un utilisateur ?
- Quels facteurs prendriez-vous en compte lors de la conception de l'expérience d'intégration d'un nouveau produit ?
- Pouvez-vous critiquer l'interface utilisateur d'un produit et suggérer des améliorations ?

6. Questions techniques et analytiques (varie selon l'entreprise et le rôle)
- Expliquez comment vous utiliseriez les données pour prioriser les fonctionnalités du produit.
- Que pensez-vous des tests A/B et quand les utiliseriez-vous ?

- Comment aborderiez-vous la création d'un système de recommandation pour notre plateforme ?

7. Questions comportementales et situationnelles
- Parlez-moi d'une époque où vous avez dû vous adapter à un changement important dans la portée d'un projet.
- Décrivez un projet dans lequel vous avez rencontré des défis inattendus. Comment les avez-vous surmontés ?
- Pouvez-vous partager un exemple d'un moment où vous avez échoué et ce que vous en avez appris ?

8. Questions spécifiques à l'entreprise et à l'industrie
- Pourquoi souhaitez-vous travailler pour notre entreprise ?
- Comment pensez-vous que notre produit/service pourrait être amélioré ?
- Selon vous, qu'est-ce qui nous distingue de nos concurrents ?

Conseils pour répondre aux questions d'entretien PM

- Utilisez la méthode STAR : structurez vos réponses en utilisant le cadre Situation, Tâche, Action, Résultat (STAR) pour les questions comportementales.
- Soyez précis : fournissez des exemples concrets et quantifiez vos réalisations autant que possible.
- Démontrer des compétences en résolution de problèmes : montrez votre capacité à analyser des problèmes, à développer des solutions et à prendre des décisions fondées sur des données.
- Montrez la vision du produit : articulez votre vision du produit et démontrez votre compréhension des besoins des utilisateurs, des tendances du marché et du paysage concurrentiel.
- Mettre en valeur la collaboration et le leadership : mettez l'accent sur votre expérience de travail au sein d'équipes

interfonctionnelles, de direction de projets
et d'influence des parties prenantes.

Chapitre 11 : Préparation de l'étude de cas pour les entretiens avec le PM

Les entretiens d'étude de cas sont une composante courante des entretiens de gestion de produits (PM), en particulier dans les entreprises technologiques et les cabinets de conseil. Ces entretiens évaluent vos capacités de résolution de problèmes, vos compétences analytiques et votre réflexion stratégique dans des scénarios du monde réel.

Comprendre le but des entretiens d'étude de cas

Compétences en résolution de problèmes : les études de cas évaluent votre capacité à identifier les problèmes clés, à analyser des problèmes complexes et à développer des solutions pratiques.

Pensée analytique : vous devrez appliquer des cadres analytiques, des techniques d'analyse de données et un raisonnement logique pour résoudre le problème du cas.

Communication et présentation : articulez clairement votre processus de réflexion, présentez vos conclusions de manière convaincante et engagez un dialogue constructif avec l'intervieweur.

Étapes pour se préparer aux entretiens d'étude de cas

Familiarisez-vous avec les formats d'études de cas

- Dimensionnement du marché : entraînez-vous à estimer la taille du marché, la part de marché et les taux de croissance des produits ou des services dans diverses industries.

- Stratégie commerciale : analysez des études de cas qui vous obligent à développer des stratégies commerciales, des plans d'entrée sur le marché ou des analyses concurrentielles.
- Conception de produits : entraînez-vous à concevoir des fonctionnalités de produits, à hiérarchiser les exigences et à évaluer les considérations liées à l'expérience utilisateur.

Développer des cadres de résolution de problèmes

- Analyse SWOT : utilisez le cadre des forces, des faiblesses, des opportunités et des menaces pour évaluer les facteurs internes et externes affectant une entreprise.
- Les cinq forces de Porter : analysez la compétitivité du secteur en tenant compte

de facteurs tels que le pouvoir de négociation des acheteurs et des fournisseurs, la menace de nouveaux entrants et la rivalité concurrentielle.

- Analyse du cycle de vie du produit : évaluez l'étape du cycle de vie du produit et recommandez des stratégies appropriées pour les phases de croissance, de maturité ou de déclin.

Pratiquer la résolution structurée de problèmes

- Décomposez le problème : décomposez les problèmes complexes en composants gérables et hiérarchisez les domaines d'analyse.
- Hypothèse et test : développez des hypothèses basées sur les informations disponibles, rassemblez des données pertinentes pour valider ou invalider les hypothèses et affinez votre approche en conséquence.
- Synthétiser les informations : tirez des informations de l'analyse des données,

identifiez des modèles ou des tendances et synthétisez les résultats pour élaborer des recommandations exploitables.

Améliorer les compétences analytiques

- Analyse quantitative : pratiquez l'arithmétique, les statistiques et l'analyse financière de base pour interpréter les données et tirer des conclusions significatives.
- Interprétation des données : familiarisez-vous avec l'interprétation des graphiques, des diagrammes et des tableaux couramment utilisés dans les études de cas.
- Maîtrise d'Excel : améliorez votre maîtrise d'Excel pour la manipulation, l'analyse et la visualisation de données.

Simuler des scénarios d'études de cas

- Entretiens simulés : associez-vous à un ami, un mentor ou un pair pour mener des

entretiens simulés pour des études de cas. Entraînez-vous à présenter vos solutions et à recevoir des commentaires.
- Ressources en ligne : utilisez les ressources d'études de cas disponibles en ligne, y compris des plateformes telles que CaseInterview.com, PrepLounge et Case in Point.

Aborder les entretiens d'étude de cas

Clarifiez l'objectif : commencez par comprendre l'énoncé du problème, clarifiez toute ambiguïté avec l'intervieweur et définissez la portée de votre analyse.

Structurez votre approche : organisez vos pensées et définissez une approche structurée pour résoudre le cas. Communiquez votre cadre à l'intervieweur avant de plonger dans l'analyse.

Recueillir des informations : posez des questions pertinentes pour recueillir des informations supplémentaires, identifier les points de données clés et valider les hypothèses.

Analyser les données : appliquer des techniques, des cadres et des outils analytiques appropriés pour analyser les données et en tirer des informations. Quantifiez votre analyse dans la mesure du possible.

Élaborer des recommandations : sur la base de votre analyse, élaborez des recommandations concrètes qui répondent aux principaux problèmes identifiés dans le cas. Hiérarchisez les recommandations en fonction de la faisabilité, de l'impact et de l'alignement stratégique.

Présentez vos résultats : communiquez clairement vos résultats, vos idées et vos recommandations de manière structurée et convaincante. Engagez un dialogue avec l'intervieweur, en répondant à toutes les questions ou préoccupations soulevées.

Conseils pour réussir

Pratiquez l'écoute active : portez une attention particulière à l'invite du cas et à toute information fournie par l'intervieweur. Clarifiez votre compréhension du problème avant de continuer.

Soyez structuré et logique : organisez votre analyse dans des cadres clairs et logiques. Présentez vos conclusions de manière structurée, en utilisant des titres et des puces pour plus de clarté.

Réfléchissez à haute voix : articulez votre processus de réflexion pendant que vous travaillez sur le cas. Expliquez la justification de chaque étape, permettant à l'intervieweur de suivre votre réflexion.

Restez calme et confiant : abordez l'étude de cas avec confiance, mais restez flexible dans votre approche. Restez calme sous pression et adaptez votre stratégie si nécessaire.

Pratiquez la gestion du temps : allouez votre temps efficacement, en équilibrant une analyse approfondie et une prise de décision efficace. Donnez la priorité aux domaines d'analyse les plus impactants pour maximiser votre efficacité.

Chapitre 12 : Questions sur la conception de produits et la stratégie dans les entretiens avec le PM

Les questions de conception de produits et de stratégie sont des éléments cruciaux des entretiens de gestion de produits (PM), évaluant votre capacité à conceptualiser, planifier et exécuter des initiatives de produits réussies. Ces questions évaluent votre intuition produit, votre réflexion stratégique et votre compréhension des besoins des utilisateurs.

Comprendre les entretiens de conception de produits et de stratégie

Vision du produit : articuler une vision convaincante du produit, alignée sur les objectifs de l'entreprise, les besoins des utilisateurs et les tendances du marché.

Approche centrée sur l'utilisateur : hiérarchisez les besoins et les préférences des utilisateurs, en intégrant les commentaires des utilisateurs et les considérations d'utilisabilité dans les décisions de conception de produits.

Réflexion stratégique : développer une stratégie produit complète qui répond aux opportunités de marché, aux menaces concurrentielles et aux objectifs de croissance à long terme.

Types de questions de conception de produits et de stratégie

Priorisation des fonctionnalités :

- Question : « Comment prioriseriez-vous les fonctionnalités d'une nouvelle application mobile visant à accroître l'engagement des utilisateurs ? »
- Approche : identifiez les principaux besoins des utilisateurs, effectuez des études de marché, hiérarchisez les fonctionnalités en fonction de l'impact sur les utilisateurs, de la faisabilité technique et de la valeur commerciale.

Feuille de route du produit :

- Question : « Décrivez une feuille de route produit pour une plate-forme logicielle par abonnement ciblant les petites entreprises. »
- Approche : définissez les étapes du produit, hiérarchisez les versions de fonctionnalités, allouez des ressources et planifiez l'évolutivité et l'itération.

Conception de l'expérience utilisateur (UX) :

- Question : « Comment concevriez-vous l'expérience d'intégration pour une application de productivité ciblant les équipes distantes ? »
- Approche : cartographiez le parcours utilisateur, identifiez les points faibles et les zones de friction, concevez des interfaces intuitives et garantissez un processus d'intégration fluide.

Stratégie d'entrée sur le marché :

- Question : « Vous lancez une nouvelle plateforme de commerce électronique dans un marché concurrentiel. Comment différencieriez-vous votre produit et attireriez-vous des clients ? »
- Approche : effectuer des analyses de marché, identifier des propositions de valeur uniques, définir des segments de clientèle cibles et concevoir des stratégies d'acquisition et de fidélisation.

Analyse compétitive:

126

- Question : « Comparez et contrastez les forces et les faiblesses de notre produit avec celles de notre principal concurrent. »
- Approche : Analyser les caractéristiques des produits, les stratégies de tarification, le positionnement sur le marché, les commentaires des clients et la part de marché pour identifier les avantages concurrentiels et les domaines à améliorer.

Stratégie de monétisation :

- Question : « Comment monétiseriez-vous une application de jeu mobile gratuite avec une large base d'utilisateurs ? »
- Approche : évaluez divers modèles de monétisation (par exemple, achats intégrés, publicités, abonnements), prenez en compte les implications en matière d'engagement et de fidélisation des utilisateurs et développez une stratégie d'optimisation des revenus.

Conseils pour aborder les questions de conception de produits et de stratégie

Comprendre les besoins des utilisateurs : donnez la priorité à la recherche et aux commentaires des utilisateurs pour éclairer les décisions relatives aux produits et garantir une conception centrée sur l'utilisateur.

Pensez stratégiquement : tenez compte des implications à long terme, de la dynamique du marché et du paysage concurrentiel lors de l'élaboration de stratégies de produits.

Quantifier l'impact : utilisez des mesures basées sur les données pour justifier les décisions relatives aux produits et mesurer le succès des initiatives relatives aux produits.

Communiquez efficacement : exprimez clairement vos idées, vos justifications et vos recommandations, en utilisant des aides visuelles si nécessaire pour améliorer la clarté.

Soyez créatif : sortez des sentiers battus et proposez des solutions innovantes qui différencient votre produit et génèrent de la valeur pour les utilisateurs et l'entreprise.

Entraînez-vous à résoudre des problèmes : participez régulièrement à des exercices de conception de produits, à des simulations d'entretiens et à des études de cas pour affiner vos compétences en matière de conception de produits et de stratégie.

Chapitre 13 : Connaissances techniques pour les entretiens PM

Les connaissances techniques deviennent de plus en plus importantes pour les chefs de produit (PM), en particulier dans les industries axées sur la technologie. Bien que les PM n'écrivent généralement pas de code ou n'effectuent pas de tâches techniques approfondies, ils ont besoin d'une solide compréhension des concepts techniques pour collaborer efficacement avec les équipes d'ingénierie, prendre des décisions éclairées et stimuler l'innovation de produits.

Comprendre le rôle des connaissances techniques dans la gestion des produits

Collaboration efficace : les PM doivent combler le fossé entre les équipes techniques (par exemple, ingénierie, conception) et les parties prenantes non techniques (par exemple, marketing, ventes). Comprendre les concepts techniques facilite une communication et un alignement clairs.

Prise de décision éclairée : les PM doivent souvent évaluer les compromis techniques, évaluer la faisabilité et prendre des décisions fondées sur les données. Une base technique solide permet aux PM d'évaluer les risques, de prioriser les fonctionnalités et de définir des attentes réalistes.

Innovation et résolution de problèmes : les connaissances techniques permettent aux PM d'identifier les opportunités d'innovation, d'anticiper les tendances du marché et de proposer des solutions créatives à des problèmes complexes.

Concepts techniques de base pour les entretiens PM

Cycle de vie du développement logiciel (SDLC) : comprendre les étapes du développement logiciel, y compris l'idéation, la conception, le développement, les tests, le déploiement et la maintenance.

Méthodologies Agiles : Familiarisez-vous avec les frameworks Agile (par exemple, Scrum, Kanban) et les pratiques telles que les user stories, les sprints, la préparation du backlog et les rétrospectives.

Concepts de codage de base : bien qu'ils ne soient pas tenus de coder, les PM bénéficient de la compréhension des concepts fondamentaux de codage tels que les variables, les boucles, les conditions et les structures de données.

API et intégrations : découvrez les interfaces de programmation d'applications (API), comment elles facilitent la communication entre les composants logiciels et leur rôle dans la création d'intégrations avec des services tiers.

Analyse des données : développer une compréhension de base des techniques d'analyse des données, notamment la collecte et l'interprétation des données, la définition de mesures et l'obtention d'informations pour éclairer les décisions relatives aux produits.

Types de questions techniques dans les entretiens PM

Architecture du produit :

- Question : « Pouvez-vous expliquer l'architecture de notre produit et ses composants clés ? »
- Approche : Familiarisez-vous avec l'architecture du produit, y compris les systèmes frontend et backend, les bases de

données, les API et les points d'intégration.

Compromis techniques :

- Question : « Comment prioriseriez-vous les fonctionnalités compte tenu de la complexité technique et des délais de mise sur le marché ? »
- Approche : évaluer l'impact des décisions techniques sur le développement de produits, en tenant compte de facteurs tels que l'évolutivité, les performances, la sécurité et la maintenabilité.

Prise de décision basée sur les données :

- Question : « Comment utiliseriez-vous les données pour éclairer les décisions relatives aux produits et mesurer le succès ? »
- Approche : Discutez des stratégies de collecte, d'analyse et d'interprétation des données pour obtenir des informations

exploitables et suivre les indicateurs de performance clés (KPI).

Planification de la feuille de route :

- Question : « Comment intégrez-vous les dépendances techniques dans votre feuille de route produit ?
- Approche : Tenez compte des contraintes techniques, des dépendances et des risques lors de la priorisation des fonctionnalités et de la planification des versions, en collaborant étroitement avec les équipes d'ingénierie pour assurer l'alignement.

Faisabilité technique:

- Question : « Étant donné une demande de fonctionnalité spécifique, comment évalueriez-vous sa faisabilité technique ? »
- Approche : évaluer les exigences techniques, les contraintes et les défis potentiels associés à la mise en œuvre de

la fonctionnalité, en consultant les équipes d'ingénierie si nécessaire.

Conseils pour la préparation technique

Apprenez à partir des ressources : utilisez des ressources, des didacticiels et des cours en ligne pour approfondir votre compréhension des concepts techniques pertinents pour la gestion de produits.

Engagez-vous avec les ingénieurs : collaborez avec des équipes d'ingénierie, des développeurs fantômes et participez à des discussions techniques pour acquérir une expérience et des informations pratiques.

Restez à jour : restez au courant des avancées technologiques, des tendances du secteur et des meilleures pratiques grâce à l'apprentissage continu et au réseautage avec des professionnels du domaine.

Pratiquez des scénarios techniques : participez à des entretiens simulés, à des études de cas et à des exercices techniques pour simuler des scénarios du monde réel et perfectionner vos compétences en résolution de problèmes.

Partie 5 : Le processus d'entretien

Chapitre 14 : L'écran initial du téléphone

L'écran initial du téléphone constitue la première interaction entre un candidat et un employeur potentiel. Même si cela peut sembler informel par rapport aux entretiens en personne, il s'agit d'une étape cruciale du processus d'embauche.

Comprendre le but

Évaluer l'adéquation : les recruteurs utilisent l'écran du téléphone pour évaluer vos qualifications, votre expérience et votre adéquation culturelle avant de vous faire passer à l'étape suivante.

Fournir des informations : c'est l'occasion pour vous d'en apprendre davantage sur l'entreprise, le rôle et le processus d'embauche.

Conseils de préparation

Recherchez l'entreprise : familiarisez-vous avec les produits, les services, la culture et les actualités récentes de l'entreprise. Comprenez comment vos compétences et expériences correspondent à la mission et aux objectifs de l'entreprise.

Révisez votre CV : soyez prêt à discuter de votre CV en détail, en mettant en évidence les expériences, les réalisations et les compétences clés pertinentes pour le poste.

Pratiquez les questions courantes : anticipez les questions courantes sur l'écran téléphonique telles que "Parlez-moi de vous", "Pourquoi êtes-vous intéressé par ce rôle/cette entreprise" et "Quelles sont vos forces et vos faiblesses ?"

Pendant l'écran du téléphone
Soyez professionnel : traitez l'écran du téléphone comme un entretien formel. Trouvez

un environnement calme et sans distraction et parlez clairement et avec assurance.

Écoutez attentivement : soyez attentif aux questions et aux instructions du recruteur. Prenez des notes si nécessaire et demandez des éclaircissements si vous ne comprenez pas quelque chose.

Mettre en valeur l'expérience pertinente : mettez l'accent sur les expériences et les compétences directement pertinentes pour le poste et l'entreprise. Fournissez des exemples précis pour étayer vos réponses.

Poser des questions
À propos du rôle : renseignez-vous sur les responsabilités quotidiennes, les attentes et les objectifs du rôle. Renseignez-vous sur la dynamique d'équipe, la structure hiérarchique et les opportunités de croissance.

À propos de l'entreprise : recherchez des informations sur la culture, les valeurs et la

vision à long terme de l'entreprise.
Renseignez-vous sur les jalons récents, les défis et les initiatives futures.

À propos du processus : clarifiez les prochaines étapes du processus d'embauche, y compris les entretiens, évaluations ou missions supplémentaires.

Suivi
Exprimez votre gratitude : envoyez un e-mail ou un message de remerciement au recruteur dans les 24 heures suivant l'écran du téléphone.
Exprimez votre appréciation pour l'opportunité de discuter du rôle et réitérez votre intérêt pour le poste.

Réitérez votre intérêt : utilisez la communication de suivi pour renforcer votre enthousiasme pour le poste et l'entreprise. Résumez brièvement les points clés de la conversation et réaffirmez vos qualifications.

Chapitre 15 : Entretiens sur place

L'entretien sur site est souvent la dernière étape du processus d'embauche pour les postes de gestion de produits. Cela implique généralement de rencontrer plusieurs intervieweurs, notamment les responsables du recrutement, les membres de l'équipe et les parties prenantes, pour évaluer vos compétences, vos expériences et votre adéquation au poste et à l'entreprise.

Conseils de préparation

Révisez vos notes : rafraîchissez votre mémoire sur les points clés abordés lors des entretiens précédents, y compris vos expériences, vos qualifications et les questions posées.

Faites des recherches sur l'entreprise : approfondissez votre compréhension des produits de l'entreprise, de sa position sur le marché, de ses concurrents et des développements récents. Réfléchissez à la manière dont vos compétences et expériences correspondent aux objectifs et aux valeurs de l'entreprise.

Pratiquez les questions comportementales : anticipez les questions d'entretien comportementales et préparez des réponses concises et structurées à l'aide de la méthode STAR (Situation, Tâche, Action, Résultat).

Examen technique : rafraîchissez les concepts techniques pertinents pour le rôle, tels que les méthodologies de développement de logiciels, les techniques d'analyse de données et les cadres de gestion de produits.

Structure des entretiens sur place

Entretiens avec un panel : attendez-vous à rencontrer plusieurs intervieweurs dans des formats de panel séquentiels ou simultanés. Chaque intervieweur peut se concentrer sur différents aspects, tels que les compétences techniques, la vision du produit ou l'adéquation culturelle.

Présentation ou étude de cas : certains entretiens sur site peuvent inclure un exercice de présentation ou d'étude de cas, au cours duquel il vous sera demandé d'analyser un problème, d'élaborer des recommandations et de présenter vos conclusions au jury d'entretien.

Exercices de tableau blanc : préparez-vous à des exercices de tableau blanc, dans lesquels il vous sera demandé de dessiner des conceptions de produits, des flux de travail ou des diagrammes d'architecture pour démontrer vos compétences en résolution de problèmes et en communication.

Pendant les entretiens sur place

Soyez engagé : écoutez activement les questions et les instructions de chaque intervieweur. Maintenez un contact visuel, hochez la tête attentivement et engagez un dialogue significatif tout au long des entretiens.

Faites preuve de leadership : mettez en valeur vos compétences en leadership en articulant une vision claire du produit, en hiérarchisant les tâches et en collaborant efficacement avec des équipes interfonctionnelles.

Présentez vos compétences en résolution de problèmes : abordez méthodiquement les études de cas, les exercices sur tableau blanc et les discussions techniques. Communiquez clairement votre processus de réflexion, vos hypothèses et vos recommandations.

Adéquation culturelle : mettez l'accent sur votre alignement avec la culture, les valeurs et la dynamique d'équipe de l'entreprise. Démontrez votre adaptabilité, votre style de communication et votre volonté d'apprendre et de grandir.

Poser des questions

À propos du rôle : renseignez-vous sur les responsabilités quotidiennes, les défis et les opportunités d'impact dans le rôle. Renseignez-vous sur la dynamique d'équipe, les processus de collaboration et les attentes en matière de performances.

À propos de l'équipe : recherchez des informations sur la composition de l'équipe produit, les rôles et responsabilités individuels et la culture de l'équipe. Renseignez-vous sur les opportunités de mentorat, de développement de carrière et de collaboration interfonctionnelle.

À propos de l'entreprise : approfondissez les priorités stratégiques, le positionnement sur le marché et la trajectoire de croissance de l'entreprise. Renseignez-vous sur l'approche de l'entreprise en matière d'innovation, la feuille de route des produits et l'orientation client.

Suivi

Envoyez des notes de remerciement : exprimez votre gratitude à chaque intervieweur dans les 24 à 48 heures suivant les entretiens sur place. Personnalisez vos messages et réitérez votre intérêt pour le poste et l'entreprise.

Réfléchissez à l'expérience : prenez le temps de réfléchir à vos entretiens sur place, en notant les points forts et les points à améliorer. Utilisez les commentaires pour affiner vos compétences en entretien et vos stratégies en vue d'opportunités futures.

Chapitre 16 : Entretiens comportementaux pour les chefs de produit

Les entretiens comportementaux sont un élément clé du processus d'entretien de gestion de produit (PM), axés sur l'évaluation de vos expériences passées, de vos comportements et de vos compétences décisionnelles. Les intervieweurs utilisent des questions comportementales pour évaluer la façon dont vous avez géré diverses situations dans le passé, afin de prédire votre performance future dans ce rôle.

Comprendre les entretiens comportementaux
Le comportement passé prédit les performances futures : les entretiens comportementaux reposent sur le principe que vos actions et comportements passés indiquent la façon dont

vous vous comporterez dans des situations similaires à l'avenir.

Approche structurée : les enquêteurs utilisent un format structuré, souvent la méthode STAR (Situation, Tâche, Action, Résultat), pour obtenir des exemples spécifiques de vos expériences passées.

Conseils de préparation

Réfléchissez aux expériences passées : identifiez les expériences clés de vos rôles passés qui démontrent des aptitudes et des compétences pertinentes pour la gestion de produits, telles que le leadership, la résolution de problèmes et la collaboration.

Examinez la description de poste : adaptez vos exemples pour les aligner sur les compétences et les qualifications décrites dans la description de poste. Concentrez-vous sur les expériences qui mettent en évidence votre aptitude au poste.

Pratiquez la méthode STAR : structurez vos réponses à l'aide de la méthode STAR, en fournissant des exemples spécifiques de situations que vous avez rencontrées, des tâches impliquées, des actions que vous avez entreprises et des résultats obtenus.

Questions comportementales courantes

Direction:

- Exemple de question : « Pouvez-vous donner un exemple d'une situation où vous avez dirigé une équipe interfonctionnelle pour atteindre un objectif ambitieux ? »
- Approche : Décrivez la situation, votre rôle et vos responsabilités, les actions que vous avez entreprises pour diriger l'équipe et les résultats obtenus.

Résolution de problème:

- Exemple de question : « Décrivez un problème complexe auquel vous avez été confronté dans un rôle précédent et comment vous avez abordé sa résolution. »
- Approche : décrivez le problème, les étapes que vous avez suivies pour l'analyser et le résoudre, les défis rencontrés et le résultat final.

Communication et collaboration :

- Exemple de question : « Pouvez-vous donner un exemple de projet dans lequel vous avez dû collaborer avec des parties prenantes de différents départements ? »
- Approche : discutez de la manière dont vous avez communiqué efficacement avec diverses parties prenantes, résolu les conflits et assuré l'alignement pour atteindre les objectifs du projet.

Adaptabilité:

- Exemple de question : « Décrivez un moment où vous avez dû vous adapter à un changement important dans la portée ou les priorités du projet. »
- Approche : expliquez le changement ou le défi auquel vous avez été confronté, la manière dont vous avez ajusté votre approche ou vos priorités et l'impact de votre adaptabilité sur le résultat.

Pendant l'entretien

Écoutez attentivement : faites attention aux questions et aux invites de l'intervieweur. Prenez un moment pour rassembler vos pensées avant de répondre.

Soyez précis : fournissez des exemples détaillés et évitez de parler de généralités. Utilisez des résultats concrets et quantifiables pour illustrer vos réalisations.

Restez positif : même lorsque vous discutez de situations difficiles ou d'échecs, concentrez-vous sur ce que vous avez appris de l'expérience et sur la façon dont vous avez grandi en conséquence.

Suivi

Réfléchissez aux commentaires : utilisez les commentaires issus des entretiens comportementaux pour identifier les domaines à améliorer et à développer davantage.

Réfléchissez à la manière dont vous pouvez tirer parti de vos expériences passées pour améliorer vos performances dans vos futurs rôles.

Continuer à pratiquer : l'entretien comportemental est une compétence qui s'améliore avec la pratique. Recherchez des occasions de pratiquer avec des pairs, des mentors ou par le biais d'entretiens simulés pour affiner vos compétences en matière de narration et de communication.

Chapitre 17 : Tour final et entretiens avec les dirigeants

Le tour final et les entretiens avec les dirigeants représentent le point culminant du processus d'entretien de gestion de produit (PM), offrant aux candidats la possibilité de dialoguer avec les hauts dirigeants, de démontrer leur sens stratégique et de montrer leur adéquation à l'organisation.

Entretiens de la phase finale

Évaluation approfondie : les entretiens finaux impliquent généralement de rencontrer les principales parties prenantes, notamment les responsables du recrutement, les membres de l'équipe et les dirigeants interfonctionnels, pour évaluer vos compétences, vos expériences et votre adéquation culturelle.

Scénarios avancés : attendez-vous à des questions et des scénarios plus difficiles qui testent vos capacités de résolution de problèmes, votre réflexion stratégique et votre potentiel de leadership.

Adéquation culturelle : mettez l'accent sur votre alignement avec les valeurs, la mission et la culture de l'entreprise, en démontrant votre capacité à prospérer dans l'environnement unique de l'organisation.

Entretiens avec des dirigeants
Alignement stratégique : les entretiens avec les dirigeants se concentrent sur l'évaluation de votre vision stratégique, de votre sens des affaires et de votre capacité à stimuler l'innovation et la croissance au sein de l'organisation.

Réflexion globale : préparez-vous à discuter des initiatives stratégiques de haut niveau, des tendances du marché, du paysage concurrentiel et des objectifs à long terme qui ont un impact sur la stratégie produit et la feuille de route de l'entreprise.

Présence de leadership : faites preuve de confiance, d'équilibre et de présence exécutive dans vos interactions avec les hauts dirigeants. Communiquez vos idées de manière claire et convaincante, en mettant en valeur votre capacité à influencer et à inspirer les autres.

Conseils de préparation
Recherchez des dirigeants supérieurs : familiarisez-vous avec les antécédents, les rôles et les priorités des dirigeants que vous rencontrerez. Comprendre leurs domaines d'expertise et comment ils s'alignent sur la fonction de gestion de produits.

Examiner la stratégie organisationnelle : obtenez des informations sur les priorités stratégiques, le positionnement sur le marché et les initiatives de croissance de l'entreprise. Réfléchissez à la manière dont vos compétences et expériences peuvent contribuer à la réalisation des objectifs stratégiques de l'entreprise.

Pratiquez des scénarios de niveau supérieur : participez à des simulations d'entretiens ou à des exercices de jeu de rôle pour simuler des interactions avec des dirigeants supérieurs. Entraînez-vous à articuler vos idées de manière concise, à répondre à des questions difficiles et à démontrer vos capacités de réflexion stratégique.

Pendant les entretiens
Démontrer un sens des affaires : montrez votre compréhension du contexte commercial plus large, y compris les mesures financières, la dynamique du marché et le paysage concurrentiel. Alignez vos réponses sur les objectifs et priorités stratégiques de l'entreprise.

Mettre en valeur vos compétences en leadership : mettez l'accent sur votre expérience en matière d'obtention de résultats, de direction d'équipes interfonctionnelles et d'influence sur les parties prenantes à tous les niveaux de l'organisation. Fournissez des exemples spécifiques de la façon dont vous avez fait preuve de leadership dans des rôles antérieurs.

Posez des questions réfléchies : engagez les hauts dirigeants dans un dialogue significatif en posant des questions perspicaces sur leur vision du produit, la culture de l'entreprise et les opportunités de croissance et d'innovation.

Suivi
Exprimez votre gratitude : envoyez des notes de remerciement personnalisées à chaque intervieweur de direction dans les 24 à 48 heures suivant les entretiens. Exprimez votre appréciation pour l'opportunité de discuter du rôle et réaffirmez votre enthousiasme à rejoindre l'organisation.

Réitérez votre intérêt : utilisez la communication de suivi pour réitérer votre intérêt pour le poste et l'entreprise, en résumant les points clés des entretiens et en soulignant votre alignement sur les priorités stratégiques de l'organisation.

Partie 6 : Processus post-entretien

Chapitre 18 : Suivi après les entretiens

Le suivi après les entretiens est une étape cruciale dans le processus de recherche d'emploi. Cela démontre non seulement votre professionnalisme et votre enthousiasme, mais vous garde également en tête de l'équipe de recrutement.

L'importance du suivi

Appréciation expresse : l'envoi d'une note de remerciement montre votre gratitude pour le temps et les efforts des intervieweurs pour évaluer votre candidature.

Réitérer votre intérêt : un message de suivi vous permet de réaffirmer votre enthousiasme pour le poste et l'entreprise.

Mettre en évidence les points clés : cela offre l'occasion de renforcer vos qualifications et de clarifier tous les points qui, selon vous, n'ont pas été suffisamment abordés lors de l'entretien.

Calendrier et support

Calendrier : Envoyez votre suivi dans les 24 à 48 heures suivant l'entretien. Cela garantit que votre message est opportun et pertinent pendant que l'entretien est encore frais dans l'esprit des enquêteurs.

Support : Le courrier électronique est le support privilégié pour les suivis, car il est professionnel, direct et permet un enregistrement écrit de votre communication.

Structure d'un e-mail de suivi

Ligne d'objet : utilisez une ligne d'objet claire et concise, telle que « Merci – [Votre nom], [Position] Entretien ».

Salutation : adressez-vous au(x) intervieweur(s) par leur nom. Si vous rencontrez plusieurs personnes, pensez à envoyer des e-mails individuels à chaque personne.

Exprimez votre gratitude : commencez par remercier l'intervieweur pour son temps et l'opportunité de discuter du rôle.

Réitérez votre intérêt : indiquez clairement votre intérêt continu pour le poste et l'entreprise.

Mettez en surbrillance les points clés : mentionnez quelques points clés de l'entretien qui renforcent vos qualifications et votre adéquation au poste. Faites référence à des sujets ou des discussions spécifiques de l'entretien.

Prochaines étapes : renseignez-vous poliment sur les prochaines étapes du processus d'embauche ou sur le calendrier d'une décision si cela n'a pas déjà été communiqué.

Clôture : terminez par une conclusion courtoise, telle que « Meilleures salutations » ou « Cordialement », suivie de votre nom complet et de vos coordonnées.

Exemple d'e-mail de suivi

Ligne d'objet : Merci – Jane Doe, entretien avec le chef de produit

Cher [Nom de l'intervieweur],

Je voulais vous remercier pour l'opportunité de passer un entretien pour le poste de chef de produit chez [Nom de l'entreprise] le [Date de l'entretien]. J'ai apprécié notre conversation et j'en ai appris davantage sur les projets passionnants et la culture innovante de [Nom de l'entreprise].

Je suis très enthousiasmé par la possibilité de rejoindre votre équipe et de contribuer au développement de [produit ou initiative spécifique discuté lors de l'entretien]. Mon expérience dans [expérience ou compétence spécifique] et ma passion pour [intérêt spécifique au secteur ou au rôle] correspondent bien aux objectifs et à la vision de votre équipe.

Notre discussion sur [sujet ou projet spécifique] m'a particulièrement touché et je suis impatient d'apporter mon expérience dans [compétence ou expérience pertinente] pour vous aider à atteindre vos objectifs.

Pourriez-vous bien m'informer des prochaines étapes du processus d'embauche ou du calendrier prévu pour une décision ? Je suis très intéressé par l'opportunité de contribuer à

[Nom de l'entreprise] et je suis enthousiasmé par le potentiel de travailler ensemble.

Merci encore pour votre temps et votre considération. J'attends avec impatience la possibilité de rejoindre votre équipe.

Cordialement,

Jane Doe
[Adresse e-mail]
[Numéro de téléphone]
[Profil LinkedIn] (facultatif)

Chapitre 19 : Négocier les offres d'emploi

La négociation d'une offre d'emploi est une étape cruciale dans le processus de recherche d'emploi. Il jette non seulement les bases de votre rémunération, mais établit également votre valeur professionnelle et vos attentes au sein de l'entreprise. Voici comment naviguer efficacement dans le processus de négociation :

Comprendre l'importance de la négociation Maximisez la rémunération : assurez-vous de recevoir un salaire et des avantages sociaux justes et compétitifs qui reflètent vos compétences, votre expérience et votre valeur marchande.

Définir des attentes : établissez des termes et conditions clairs pour votre rôle, vos responsabilités et vos opportunités de croissance au sein de l'organisation.

Établir des relations : abordez les négociations de manière professionnelle pour favoriser des relations positives avec votre futur employeur.

Préparation à la négociation

Recherchez les tarifs du marché : comprenez les tarifs du marché pour le poste qui vous est proposé en recherchant les normes de l'industrie, les différences géographiques et les références spécifiques à l'entreprise.

Connaissez votre valeur : réfléchissez à vos compétences, à votre expérience et à vos qualifications uniques. Soyez prêt à expliquer pourquoi vous méritez la rémunération et les avantages que vous demandez.

Identifiez les priorités : déterminez ce qui est le plus important pour vous : salaire, avantages sociaux, équilibre travail-vie personnelle, opportunités de développement professionnel, etc. Hiérarchisez ces éléments pour guider votre négociation.

Le processus de négociation

Recevez l'offre : examinez attentivement l'offre d'emploi, y compris le salaire, les avantages sociaux, le titre du poste, les responsabilités et tout autre détail pertinent. Prenez votre temps pour bien comprendre les termes avant de répondre.

Exprimez votre gratitude : commencez par exprimer votre appréciation pour l'offre. Un ton positif et reconnaissant donne un ton collaboratif à la négociation.

Évaluez l'offre : comparez l'offre à vos recherches, vos besoins personnels et vos objectifs de carrière. Identifiez les domaines dans lesquels vous aimeriez négocier de meilleures conditions.

Préparez votre contre-offre : élaborez une contre-offre claire et concise. Soyez précis sur les changements que vous demandez et justifiez chacun d'eux. Utilisez vos recherches et votre compréhension de votre valeur pour soutenir vos demandes.

Tactiques de négociation

Communiquez clairement : articulez clairement votre contre-offre, en mettant l'accent sur votre enthousiasme pour le rôle et votre raisonnement derrière les changements demandés.

Soyez professionnel et respectueux : Maintenez une attitude respectueuse et professionnelle tout au long de la négociation. Montrez que vous êtes prêt à trouver un accord mutuellement avantageux.

Utilisez des éléments non négociables sur le salaire : si l'employeur ne peut pas répondre à votre demande de salaire, envisagez de négocier d'autres aspects de l'offre, tels que des primes de signature, des options d'achat d'actions, la flexibilité du travail à distance, des opportunités de développement professionnel ou des jours de vacances supplémentaires.

Sachez quand faire des compromis : soyez prêt à trouver un juste milieu. Comprenez quels aspects de l'offre ne sont pas négociables pour vous et lesquels sont flexibles.

Exemple d'e-mail de contre-offre

Ligne d'objet : Re : Offre d'emploi – [Votre nom]

Cher [Nom du responsable du recrutement],

Merci de m'avoir proposé le poste de [Titre du poste] chez [Nom de l'entreprise]. Je suis enthousiasmé par l'opportunité de rejoindre votre équipe et de contribuer à [projet ou objectif spécifique].

J'ai examiné l'offre et je suis très enthousiasmé par le rôle. Cependant, j'aimerais discuter du programme de rémunération pour m'assurer qu'il correspond à mes compétences et à ma valeur marchande. D'après mes recherches et les normes de l'industrie, je m'attendais à un salaire de base plus proche du [montant souhaité]. Cet ajustement refléterait mes [compétences ou expériences spécifiques qui justifient la demande].

De plus, j'aimerais discuter de la possibilité de [mentionner tout autre avantage non salarial, tel que des jours de vacances supplémentaires, des options de travail à distance, etc.].

Je suis convaincu que nous pouvons parvenir à un accord qui fonctionne pour nous deux et me permet de contribuer efficacement à l'équipe. J'ai hâte d'en discuter davantage et j'ai hâte de commencer à travailler ensemble.

Merci d'avoir pris en compte ma demande.

Cordialement,

[Votre nom]
[Adresse e-mail]
[Numéro de téléphone]

Chapitre 20 : Intégration et démarrage de votre carrière de PM

Une transition réussie du processus d'entretien à votre nouveau rôle de chef de produit (PM) implique un plan d'intégration bien pensé. Une intégration efficace prépare le terrain pour votre carrière et vous aide à devenir rapidement un membre précieux de l'équipe.

Comprendre l'intégration

Objectif : L'intégration est conçue pour vous intégrer dans l'entreprise, vous familiariser avec ses processus et sa culture, et vous fournir les outils et les connaissances nécessaires pour remplir efficacement votre rôle.

Durée : L'intégration s'étend généralement sur les premières semaines, voire les premiers mois de votre emploi, avec un soutien et un développement continus à mesure que vous vous installez dans votre rôle.

Préparation avant le démarrage

Examinez les documents de l'entreprise : avant votre date de début, examinez tous les documents fournis par votre employeur, tels que le manuel de l'employé, la documentation sur le produit ou les politiques de l'entreprise.

Configurer l'espace de travail : assurez-vous que votre espace de travail à domicile ou au bureau est équipé des outils et de la technologie nécessaires. Cela comprend un ordinateur, un accès Internet et tout logiciel spécifique requis pour votre rôle.

Connectez-vous avec votre manager : contactez votre nouveau manager pour exprimer votre enthousiasme et demandez-lui si vous devez faire des préparatifs spécifiques avant votre premier jour.

Première semaine

Orientation : assistez aux séances d'orientation de l'entreprise pour en savoir plus sur la structure organisationnelle, les politiques clés et les ressources des employés.

Rencontrez votre équipe : présentez-vous aux membres de votre équipe et aux autres parties prenantes clés. Établir des relations dès le début est crucial pour une collaboration réussie.

Comprenez votre rôle : clarifiez vos responsabilités, vos objectifs clés et vos projets initiaux avec votre responsable. Comprenez les attentes concernant votre rôle et comment votre réussite sera mesurée.

Apprenez les outils : Familiarisez-vous avec les outils et les systèmes utilisés par l'entreprise, tels que les logiciels de gestion de projet, les plateformes de communication et les outils d'analyse de données.

Premier mois

Immersion produit : plongée approfondie dans les produits ou services de l'entreprise. Comprenez le cycle de vie du produit, les fonctionnalités clés, la clientèle et le paysage concurrentiel.

Engagement des parties prenantes : planifiez des réunions avec les principales parties prenantes, notamment les ingénieurs, les concepteurs, les spécialistes du marketing et les équipes commerciales, pour comprendre leurs rôles et leurs perspectives.

Observer et apprendre : assistez aux réunions, examinez la documentation des projets antérieurs et observez comment les décisions sont prises. Cela vous fournira un contexte précieux et vous aidera à comprendre le flux de travail et la culture de l'entreprise.

Contribuez tôt : commencez à contribuer à de petits projets ou tâches pour démontrer vos capacités et renforcer votre confiance. Recherchez des commentaires pour vous assurer que vous êtes sur la bonne voie.

Trois premiers mois

Élaborez un plan : travaillez avec votre responsable pour créer un plan de 30 à 60 à 90 jours décrivant vos objectifs et vos priorités pour les trois premiers mois. Ce plan doit inclure des étapes d'apprentissage, des projets clés et des mesures de performance.

Établir des relations : continuez à établir et à renforcer les relations avec votre équipe et vos partenaires interfonctionnels. Les PM efficaces sont de solides collaborateurs qui peuvent influencer sans autorité.

Rechercher des commentaires : recherchez régulièrement les commentaires de votre responsable, de vos pairs et des parties prenantes. Utilisez ces commentaires pour ajuster votre approche et améliorer vos performances.

Présentez vos victoires : suivez vos réalisations et partagez vos progrès avec votre responsable et votre équipe. Les premières victoires contribuent à renforcer votre crédibilité et à démontrer votre valeur pour l'organisation.

Développement continu

Formation continue : restez au courant des tendances du secteur, des nouvelles technologies et des meilleures pratiques en matière de gestion de produits. Assistez à des conférences, suivez des cours en ligne et lisez des livres et des articles pertinents.

Développement professionnel : identifier les domaines de croissance personnelle et professionnelle. Recherchez du mentorat, participez aux communautés PM et obtenez les certifications pertinentes.

Contribuer à la culture : participez activement à la culture de l'entreprise en vous engageant dans des activités de consolidation d'équipe, des événements d'entreprise et toute initiative favorisant un environnement de travail positif.

Fixez-vous des objectifs à long terme : travaillez avec votre responsable pour définir des objectifs de carrière à long terme et identifier les opportunités d'avancement au sein de l'entreprise. Examinez et ajustez régulièrement ces objectifs à mesure que vous progressez dans votre rôle.

Chapitre 21 : Apprentissage et développement continus

Dans le domaine en évolution rapide de la gestion de produits, l'apprentissage et le développement continus sont essentiels pour rester pertinent, innover et diriger efficacement. En tant que chef de produit (PM), votre capacité d'adaptation et de croissance est cruciale pour votre succès à long terme et le succès de vos produits.

Adoptez un état d'esprit d'apprentissage

Curiosité et ouverture : Cultivez une curiosité inhérente à l'égard des nouvelles technologies, méthodologies et tendances de l'industrie. Soyez ouvert aux nouvelles idées et perspectives et cherchez à comprendre le « pourquoi » qui se cachent derrière elles.

Orientation vers la croissance : Adoptez un état d'esprit de croissance, en considérant les défis et les échecs comme des opportunités d'apprendre et de s'améliorer. Concentrez-vous sur l'amélioration continue plutôt que sur la perfection.

Tirer parti de diverses ressources d'apprentissage

Cours et certifications en ligne :

1. Plateformes : utilisez des plateformes d'apprentissage en ligne telles que Coursera, Udacity et LinkedIn Learning pour suivre des cours sur la gestion de produits, l'analyse de données, la conception UX, etc.

2. Certifications : envisagez d'obtenir des certifications telles que des certifications Certified Scrum Product Owner (CSPO) ou des certifications de gestion de produits auprès d'institutions reconnues pour valider vos compétences.

Livres et publications :

1. Livres : lisez régulièrement des livres sur la gestion de produits, le leadership et l'innovation. Certains titres recommandés incluent « Inspired » de Marty Cagan, « The Lean Product Playbook » de Dan Olsen et « Cracking the PM Interview » de Gayle Laakmann McDowell et Jackie Bavaro.
2. Publications : abonnez-vous aux publications, blogs et newsletters du secteur tels que Mind the Product, Product Coalition et Product Management Today pour connaître les dernières informations et tendances.

Podcasts et webinaires :

1. Podcasts : écoutez des podcasts axés sur la gestion de projet tels que "The Product Podcast", "Product Love" et "This is Product Management" pour obtenir des informations d'experts du secteur et rester informé des meilleures pratiques.
2. Webinaires : participez à des webinaires organisés par des leaders du secteur et des organisations pour en savoir plus sur les nouveaux outils, stratégies et études de cas.

S'engager avec les communautés professionnelles

Rejoignez les communautés PM :

1. Communautés en ligne : participez à des communautés en ligne telles que Product School, Mind the Product et PMHQ pour

réseauter, partager des connaissances et demander conseil à d'autres chefs de produit.

2. Meetups locaux : participez à des rencontres et à des événements PM locaux pour vous connecter avec vos pairs, échanger des idées et créer un réseau de soutien.

Associations professionnelles:

1. Adhésions : envisagez de rejoindre des associations professionnelles telles que l'Association of International Product Marketing and Management (AIPMM) ou la Product Development and Management Association (PDMA) pour accéder à des ressources, des conférences et des opportunités de réseautage.

Rechercher du mentorat et du coaching

Trouver un mentor :

1. Programmes de mentorat : rejoignez les programmes de mentorat formels proposés par des organisations ou des communautés de PM pour trouver des mentors expérimentés qui peuvent guider votre développement de carrière.
2. Mentors informels : recherchez des mentors informels au sein de votre réseau qui peuvent fournir des conseils, des commentaires et un soutien en fonction de leurs expériences.

Embaucher un coach :

1. Coaching de carrière : envisagez d'embaucher un coach de carrière professionnel spécialisé dans la gestion de produits pour vous aider à fixer des

objectifs, à relever les défis et à accélérer votre croissance.

Expérience pratique et expérimentation

Projets pratiques :

1. Projets parallèles : participez à des projets parallèles ou à un travail indépendant pour appliquer de nouvelles compétences, expérimenter différentes approches et constituer votre portfolio.
2. Hackathons : participez à des hackathons ou à des défis d'innovation pour collaborer avec diverses équipes, résoudre des problèmes du monde réel et acquérir une expérience pratique.

Collaboration interfonctionnelle :

1. Rotations internes : explorez les opportunités de rotations internes au sein

de votre entreprise pour vous familiariser avec différentes fonctions telles que le marketing, l'ingénierie et les ventes.

2. Projets interdépartementaux : faites du bénévolat pour des projets ou des initiatives interfonctionnels afin d'élargir votre compréhension de la façon dont les différents départements contribuent au succès des produits.

Réfléchir et s'adapter

Auto-évaluation:

1. Réflexion régulière : réservez du temps pour une auto-évaluation régulière afin d'évaluer vos forces, vos faiblesses et vos progrès vers vos objectifs de carrière.

2. Commentaires : recherchez activement les commentaires de vos pairs, des gestionnaires et des parties prenantes pour identifier les domaines à améliorer et à développer.

Plan de développement personnel:

1. Définition d'objectifs : créez un plan de développement personnel avec des objectifs spécifiques, mesurables, réalisables, pertinents et limités dans le temps (SMART).
2. Examinez et ajustez : examinez régulièrement votre plan de développement, suivez vos progrès et ajustez vos objectifs et vos stratégies si nécessaire.

Chapitre 22 : Outils et logiciels PM

Une gestion de produit efficace nécessite une suite d'outils et de logiciels qui facilitent la collaboration, le suivi des projets, l'analyse des données et la communication. En tant que chef de produit (PM), tirer parti des bons outils peut améliorer considérablement votre efficience et votre efficacité. Vous trouverez ci-dessous une liste d'outils et de logiciels PM essentiels, organisés selon leurs fonctions principales :

Feuille de route et planification des produits

Ah !

- Présentation : un outil complet de feuille de route de produit qui vous aide à définir une stratégie produit, à créer des feuilles de route détaillées et à hiérarchiser les fonctionnalités.
- Fonctionnalités clés : planification stratégique, gestion des idées, priorisation des fonctionnalités et feuilles de route visuelles.

Plan produit

- Présentation : Un outil de feuille de route convivial conçu pour faciliter la création et le partage de feuilles de route de produits.
- Principales fonctionnalités : interface glisser-déposer, fonctionnalités de collaboration et intégration avec d'autres outils de gestion de projet tels que Jira et Trello.

Roadmunk

- Présentation : Un outil polyvalent pour créer et partager des feuilles de route visuelles, adapté à divers publics, des dirigeants aux équipes de développement.
- Principales fonctionnalités : plusieurs vues de feuille de route, collaboration et collecte de commentaires.

Gestion de projet et suivi des tâches

Oui

- Présentation : Un outil puissant largement utilisé dans les environnements de développement agiles pour le suivi des projets et la gestion des problèmes.
- Principales fonctionnalités : tableaux Scrum et Kanban, flux de travail personnalisables, reporting et intégration avec d'autres outils de développement.

Trello

- Présentation : un outil simple et visuel pour gérer des tâches et des projets à l'aide de tableaux, de listes et de cartes.
- Caractéristiques principales : interface glisser-déposer, tableaux personnalisables et intégration avec de nombreuses applications tierces.

Asanas

- Présentation : Un outil de gestion de projet flexible qui aide les équipes à organiser le travail, à suivre les progrès et à gérer les tâches.
- Principales fonctionnalités : affectations de tâches, calendriers, jalons et fonctionnalités de collaboration.

Collaboration et communication

Mou

- Présentation : Une plateforme de messagerie qui facilite la communication et la collaboration en équipe.
- Principales fonctionnalités : chaînes pour différents sujets, messagerie directe, partage de fichiers et intégration avec d'autres outils comme Google Drive et Trello.

Équipes Microsoft

- Présentation : Un outil de collaboration qui combine le chat sur le lieu de travail, les réunions vidéo, le stockage de fichiers et l'intégration d'applications.
- Fonctionnalités clés : chat, vidéoconférence, partage de fichiers et intégration avec la suite Microsoft Office.

Confluence

- Présentation : un outil de collaboration et de documentation d'Atlassian qui aide les équipes à créer, partager et gérer du contenu.

- Principales fonctionnalités : collaboration documentaire, base de connaissances et intégration avec Jira.

Recherche et commentaires des utilisateurs

Test utilisateur

- Présentation : une plate-forme qui fournit des informations sur les utilisateurs à la demande en vous permettant d'effectuer des tests d'utilisabilité avec de vrais utilisateurs.
- Principales fonctionnalités : commentaires vidéo, outils de création de tests et d'analyse.

SondageMonkey

- Présentation : un outil d'enquête qui vous aide à collecter et à analyser les commentaires des utilisateurs.
- Principales fonctionnalités : enquêtes, modèles, analyses de données et rapports personnalisables.

Forme de caractères

- Présentation : Un formulaire en ligne et un outil d'enquête conçus pour créer des formulaires attrayants et interactifs.
- Principales fonctionnalités : formulaires conversationnels, modèles personnalisables et intégration avec diverses applications.

Analyses et données

Google Analytics

- Présentation : Un service d'analyse Web qui suit et rapporte le trafic du site Web et le comportement des utilisateurs.
- Fonctionnalités clés : données en temps réel, informations sur l'audience, analyse du flux d'utilisateurs et suivi des objectifs.

Panneau mixte

- Présentation : un outil d'analyse avancé qui se concentre sur le suivi des interactions et des comportements des utilisateurs au sein de votre produit.
- Fonctionnalités clés : suivi des événements, analyse de l'entonnoir, rapports de rétention et tests A/B.

Amplitude

- Présentation : Une plateforme d'analyse de produits qui vous aide à comprendre le comportement des utilisateurs et à piloter la stratégie produit.

- Fonctionnalités clés : cohortes comportementales, parcours des utilisateurs et mesures d'engagement.

Conception et prototypage

Figma

- Présentation : Un outil de conception basé sur le cloud qui permet aux équipes de collaborer sur la conception et le prototypage en temps réel.
- Principales fonctionnalités : collaboration en temps réel, éditeur de graphiques vectoriels et prototypes interactifs.

Esquisser

- Présentation : Un outil de conception vectorielle principalement utilisé pour la conception UI/UX, connu pour sa facilité d'utilisation et ses fonctionnalités robustes.

- Caractéristiques principales :
  bibliothèques de symboles, édition de
  vecteurs et intégration avec des outils de
  prototypage.

InVision

- Présentation : Une plateforme de
  conception de produits numériques qui
  aide les équipes à prototyper, à collaborer
  et à gérer des projets de conception.
- Principales fonctionnalités : prototypes
  interactifs, collaboration en matière de
  conception et collecte de commentaires.

Gestion de la Relation Client (CRM)

Force de vente

- Présentation : Une plateforme CRM de
  premier plan qui aide à gérer les relations
  clients, les ventes et le marketing.

- Principales fonctionnalités : gestion des leads et des opportunités, tableaux de bord personnalisables et intégration avec de nombreuses applications tierces.

HubSpot

- Présentation : Une plateforme CRM tout-en-un qui comprend des outils de marketing, de vente et de service client.
- Fonctionnalités clés : gestion des contacts, marketing par e-mail, pipeline des ventes et analyses.

Zendesk

- Présentation : Une plateforme de service client et d'engagement qui permet de gérer les tickets et les communications du support client.
- Principales fonctionnalités : système de billetterie, libre-service client et analyses.

Études de cas de PM à succès

Apprendre des expériences et des idées de chefs de produit (PM) à succès peut fournir des conseils et une inspiration inestimables. Ces études de cas mettent en évidence la manière dont les principaux PM ont surmonté les défis, favorisé l'innovation et obtenu des succès remarquables dans leurs fonctions.

Étude de cas 1 : Marissa Mayer – De Google à Yahoo

Contexte : Marissa Mayer a rejoint Google en 1999 en tant que première femme ingénieur de l'entreprise, puis est devenue vice-présidente des produits de recherche et de l'expérience utilisateur. En 2012, elle est nommée PDG de Yahoo.

Défis et réalisations

Refonte de la recherche Google :

- Défi : Au début de son mandat, Mayer a dû relever le défi consistant à améliorer l'interface de recherche de Google afin d'améliorer l'expérience utilisateur et l'efficacité de la recherche.
- Stratégie : elle s'est concentrée sur la conception centrée sur l'utilisateur, en effectuant des tests utilisateur approfondis et en recueillant des commentaires pour affiner l'interface.
- Résultat : la refonte a rendu la recherche Google plus rapide et plus intuitive, augmentant ainsi considérablement la satisfaction et l'engagement des utilisateurs.

Lancement de Google Maps :

- Défi : Mayer a dirigé l'équipe de gestion de produit pour Google Maps, un produit révolutionnaire qui nécessitait une intégration complexe de données cartographiques, une conception d'interface utilisateur et des mises à jour en temps réel.
- Stratégie : elle a mis l'accent sur la collaboration interfonctionnelle, réunissant des ingénieurs, des concepteurs et des data scientists pour créer une expérience utilisateur transparente.
- Résultat : Google Maps est devenu un produit clé, transformant la façon dont les utilisateurs naviguent et explorent le monde.

Efforts de redressement chez Yahoo :

- Défi : En tant que PDG de Yahoo, Mayer avait pour objectif de revitaliser le géant technologique en difficulté, en se concentrant sur l'innovation de produits et l'acquisition de talents.

- Stratégie : elle a donné la priorité au développement mobile, a réorganisé les produits de base et a acquis des startups pour insuffler de nouveaux talents et de nouvelles technologies.
- Résultat : alors que le redressement global de Yahoo a connu des résultats mitigés, le mandat de Mayer a vu une augmentation significative du nombre d'utilisateurs mobiles et une amélioration des offres de produits.

Étude de cas 2 : Sundar Pichai – Responsable de Google Chrome

Contexte : Sundar Pichai a rejoint Google en 2004, gravissant les échelons pour devenir PDG en 2015. Il a d'abord fait sa marque en tant que chef de produit pour Google Chrome.

Défis et réalisations

Développement Google Chrome :

- Défi : Le marché des navigateurs Web était dominé par Internet Explorer et Firefox. Le défi de Pichai était de développer un navigateur offrant une vitesse, une sécurité et une expérience utilisateur supérieures.
- Stratégie : il s'est concentré sur la simplicité et la rapidité, en tirant parti de l'infrastructure robuste de Google pour créer un navigateur léger et rapide. Pichai a également assuré des tests internes approfondis et des améliorations itératives.
- Résultat : Google Chrome a rapidement gagné des parts de marché, devenant le navigateur Web le plus utilisé au monde et établissant de nouvelles normes en matière de performances et de sécurité.

Lancement de Google Drive :

- Défi : En concurrence avec des acteurs établis comme Dropbox et Microsoft OneDrive, Pichai avait besoin de créer une solution de stockage cloud convaincante.
- Stratégie : il a mis l'accent sur une intégration transparente avec d'autres services Google (par exemple, Gmail, Google Docs) et des options de stockage généreuses.
- Résultat : Google Drive est rapidement devenu un service de stockage cloud leader, salué pour sa facilité d'utilisation et ses puissantes fonctionnalités de collaboration.

Extension de l'écosystème Android :

- Défi : à mesure que la popularité d'Android grandissait, Pichai était chargé de gérer son écosystème et de garantir des expériences utilisateur cohérentes sur divers appareils.

- Stratégie : il s'est concentré sur la création de directives pour les partenaires matériels, l'amélioration de l'interface utilisateur et l'intégration de nouvelles fonctionnalités basées sur les commentaires des utilisateurs.
- Résultat : Android est devenu le système d'exploitation mobile dominant au monde, offrant un riche écosystème d'applications et de services.

Étude de cas 3 : Sheryl Sandberg – Faire évoluer Facebook

Contexte : Sheryl Sandberg a rejoint Facebook en 2008 en tant que directrice de l'exploitation, apportant une vaste expérience acquise dans son précédent rôle de vice-présidente des ventes et des opérations mondiales en ligne chez Google.

Défis et réalisations :

Monétiser Facebook :

- Défi : Facebook devait développer un modèle de revenus durable sans s'aliéner sa base d'utilisateurs.
- Stratégie : Sandberg a introduit la publicité ciblée, exploitant les données des utilisateurs pour créer des publicités très pertinentes. Elle s'est également concentrée sur la création d'outils d'analyse robustes pour les annonceurs.
- Résultat : la plateforme publicitaire de Facebook est devenue l'une des plus efficaces et rentables du secteur, entraînant une croissance exponentielle des revenus.

Base d'utilisateurs en expansion :

- Défi : Pour maintenir sa croissance, Facebook devait élargir sa base d'utilisateurs à l'échelle internationale tout en garantissant une expérience utilisateur cohérente.

- Stratégie : Sandberg a lancé des initiatives visant à localiser la plateforme, à adapter les fonctionnalités aux différents marchés et à améliorer l'accessibilité mobile.
- Résultat : la base d'utilisateurs de Facebook est passée à plus de 2 milliards d'utilisateurs actifs par mois, avec une pénétration significative sur divers marchés mondiaux.

Naviguer dans l'examen public :

- Défi : Facebook est confronté à une surveillance croissante concernant la confidentialité des données, le contenu des utilisateurs et son impact sur la société.
- Stratégie : Sandberg a dirigé les efforts visant à améliorer la transparence, à renforcer les mesures de protection des données et à relever les défis de modération du contenu. Elle a également travaillé sur la communication stratégique pour gérer les relations publiques et réglementaires.

- Résultat : même si des défis subsistent, Facebook a mis en œuvre des changements importants pour améliorer la confiance des utilisateurs et le respect des normes réglementaires.

Glossaire des termes de gestion de produits

Comprendre les termes et concepts clés de la gestion de produits est crucial pour une communication et une prise de décision efficaces. Ce glossaire fournit des définitions et des explications complètes des termes essentiels de la gestion des produits.

UN
Test A/B : méthode permettant de comparer deux versions d'un produit ou d'une fonctionnalité pour déterminer laquelle est la plus performante. Les utilisateurs sont assignés au hasard au groupe témoin (A) ou à la variante (B), et leurs comportements sont analysés pour voir quelle version atteint le plus efficacement le résultat souhaité.

Agile : une méthodologie de développement itératif et incrémentiel, mettant l'accent sur la flexibilité, la collaboration et les commentaires des clients. Les frameworks agiles courants incluent Scrum et Kanban.

Analytics : analyse informatique systématique des données. Dans la gestion de produits, l'analyse est utilisée pour recueillir des informations sur le comportement des utilisateurs, les performances des produits et les tendances du marché afin d'éclairer la prise de décision.

API (Application Programming Interface) : ensemble de protocoles et d'outils permettant de créer et d'intégrer des applications logicielles. Les API permettent à différents systèmes logiciels de communiquer et de partager des données.

B
Backlog : une liste hiérarchisée de fonctionnalités, d'améliorations et de corrections

de bogues sur lesquelles l'équipe produit prévoit de travailler. Le backlog est continuellement affiné et hiérarchisé en fonction des commentaires et des objectifs stratégiques.

Analyse comparative : processus consistant à comparer les performances, les fonctionnalités ou les processus d'un produit à ceux de concurrents ou aux normes de l'industrie afin d'identifier les domaines à améliorer.

Test bêta : phase de test du produit au cours de laquelle un produit presque complet est publié auprès d'un groupe sélectionné d'utilisateurs extérieurs à l'entreprise afin d'identifier les bogues et de recueillir des commentaires avant une version plus large.

Modèle économique : plan d'une entreprise pour réaliser des bénéfices. Il comprend les produits ou services proposés par l'entreprise, son marché cible et les stratégies qu'elle utilise pour générer des revenus.

C

Parcours client : l'expérience complète qu'un client vit avec un produit ou un service, de la prise de conscience initiale à l'interaction post-achat. Cartographier le parcours client permet d'identifier les points faibles et les opportunités d'amélioration.

Personnalité du client : représentation fictive du client idéal d'un produit, basée sur des études de marché et des données. Les personas aident les équipes produit à comprendre les besoins, les comportements et les objectifs des utilisateurs.

Fidélisation de la clientèle : capacité d'un produit ou d'un service à fidéliser ses clients sur une période donnée. Des taux de rétention élevés indiquent la satisfaction et la fidélité des clients.

Segmentation client : processus de division d'une clientèle en groupes distincts en fonction de caractéristiques telles que les données démographiques, le comportement ou les besoins, afin d'adapter les efforts de marketing et de développement de produits.

D

Prise de décision basée sur les données : utiliser des données et des analyses pour éclairer et guider les décisions plutôt que de se fier à l'intuition ou aux hypothèses.

Design Thinking : une approche de résolution de problèmes qui implique de faire preuve d'empathie avec les utilisateurs, de définir des problèmes, d'imaginer des solutions, de créer des prototypes et de tester. Il met l'accent sur la conception centrée sur l'humain et l'amélioration itérative.

Phase de découverte : phase initiale du développement du produit au cours de laquelle l'équipe rassemble des informations grâce à des recherches, des entretiens avec des utilisateurs et des analyses de marché pour définir l'espace problématique et identifier les opportunités.

Innovation de rupture : une innovation qui crée un nouveau marché et un nouveau réseau de valeur, perturbant les marchés existants et remplaçant les produits ou services établis et leaders du marché.

ET
Engagement : le niveau d'interaction et d'implication d'un utilisateur avec un produit. Un engagement élevé indique que les utilisateurs trouvent de la valeur et utilisent activement le produit.

Epic : un vaste corpus de travail qui peut être décomposé en tâches plus petites ou en user stories. Epics aide à organiser et à prioriser les initiatives produit importantes.

Expérimentation : processus consistant à tester des hypothèses et des idées pour découvrir ce qui fonctionne le mieux. L'expérimentation implique la mise en place de tests contrôlés, la mesure des résultats et l'itération basée sur les résultats.

Conception d'expérience (UX) : pratique consistant à concevoir des produits en mettant l'accent sur l'expérience utilisateur globale, y compris la convivialité, l'accessibilité et le plaisir dérivé de l'interaction avec le produit.

F
Caractéristique : fonctionnalité ou caractéristique distincte d'un produit qui offre de la valeur à l'utilisateur. Les fonctionnalités sont souvent hiérarchisées en fonction des besoins des utilisateurs, des objectifs commerciaux et de la faisabilité technique.

Creep de fonctionnalités : tendance d'un produit à être surchargé de fonctionnalités, ce qui entraîne souvent des problèmes de complexité et d'utilisabilité. Une gestion de produit efficace implique d'équilibrer les ajouts de fonctionnalités avec la simplicité et l'orientation utilisateur.

Freemium : modèle économique dans lequel les fonctionnalités de base d'un produit sont fournies gratuitement, tandis que les fonctionnalités ou services avancés sont proposés moyennant un supplément.

Entonnoir : modèle qui représente les étapes par lesquelles passe un client, depuis la prise de conscience initiale jusqu'à la conversion ou l'achat. Les entonnoirs aident à identifier où les utilisateurs abandonnent et comment optimiser le processus de conversion.

g
Stratégie de mise sur le marché (GTM) : plan de lancement d'un produit sur le marché, comprenant des stratégies de marketing, de vente et de distribution pour atteindre les clients cibles et atteindre les objectifs commerciaux.

Growth Hacking : un ensemble de techniques de marketing axées sur l'expérimentation et la mise à l'échelle rapides pour atteindre une croissance rapide, souvent utilisées par les startups.

H

Hackathon : événement au cours duquel les équipes collaborent intensivement sur des projets, généralement sur une courte période, pour créer des solutions ou des prototypes innovants.

Heatmap : une représentation visuelle des données où les valeurs sont représentées par couleur. Dans la conception UX, les cartes thermiques montrent où les utilisateurs cliquent ou interagissent le plus fréquemment sur une page Web ou une application.

je

Idéation : processus de génération et de développement de nouvelles idées. Les techniques d'idéation comprennent le brainstorming, la cartographie mentale et le dessin.

Itération : processus d'affinement et d'amélioration répétés d'un produit ou d'une fonctionnalité en fonction des commentaires et des tests. Le développement itératif est un principe fondamental des méthodologies agiles.

Cartographie d'impact : une technique de planification stratégique qui aide les équipes à visualiser les liens entre les objectifs du produit, les comportements des utilisateurs et les fonctionnalités nécessaires pour les atteindre.

J.
Job-to-be-Done (JTBD) : un cadre permettant de comprendre les besoins des clients en fonction des tâches qu'ils souhaitent accomplir avec un produit, plutôt que des caractéristiques démographiques ou psychographiques.

Cartographie du parcours : technique utilisée pour visualiser les étapes suivies par un utilisateur pour accomplir une tâche avec un produit, aidant ainsi à identifier les points faibles et les opportunités d'amélioration.

K

Indicateurs de performance clés (KPI) : mesures utilisées pour mesurer les performances et le succès d'un produit ou d'une initiative commerciale. Les KPI courants incluent l'acquisition, la fidélisation, l'engagement et les revenus des utilisateurs.

Kanban : Un framework agile qui utilise un tableau visuel avec des colonnes représentant différentes étapes de travail pour gérer et optimiser le flux des tâches.

L

Lean Startup : une méthodologie de développement d'entreprises et de produits qui se concentre sur la conception itérative, les commentaires des clients et l'apprentissage validé pour réduire le gaspillage et augmenter l'efficacité.

Valeur à vie (LTV) : le revenu total qu'une entreprise s'attend à gagner d'un client sur toute la durée de sa relation. LTV aide à déterminer la valeur à long terme de l'acquisition et de la fidélisation des clients.

M

MVP (Minimum Viable Product) : La version la plus simple d'un produit qui peut être publiée auprès des utilisateurs pour valider un concept et recueillir des commentaires en vue d'un développement ultérieur.

Étude de marché : processus de collecte et d'analyse d'informations sur un marché, y compris ses clients, ses concurrents et ses tendances, pour éclairer le développement de produits et les stratégies de marketing.

Maquette : représentation visuelle haute fidélité de la conception d'un produit, utilisée pour communiquer la mise en page, les fonctionnalités et les éléments de l'interface utilisateur avant le développement.

N

Net Promoter Score (NPS) : mesure qui mesure la fidélité et la satisfaction des clients en demandant aux utilisateurs quelle est leur probabilité de recommander un produit à d'autres sur une échelle de 0 à 10.

Plateformes No-Code/Low-Code : plates-formes de développement qui permettent aux utilisateurs de créer des applications avec un minimum de codage, souvent à l'aide d'interfaces glisser-déposer et de composants prédéfinis.

Ô

OKR (objectifs et résultats clés) : un cadre de définition d'objectifs qui définit des objectifs clairs et les résultats clés nécessaires pour les atteindre, alignant les efforts de l'équipe sur les priorités stratégiques.

Intégration : processus consistant à guider les nouveaux utilisateurs à travers les étapes initiales d'utilisation d'un produit pour les aider à comprendre ses fonctionnalités et sa valeur, dans le but d'améliorer la fidélisation et la satisfaction des utilisateurs.

P.
Personnalité : voir Personnalité du client.

Pivot : un changement significatif dans la stratégie ou l'orientation du produit basé sur un apprentissage et des commentaires validés, souvent conçu pour mieux répondre aux besoins du marché ou résoudre un problème plus efficacement.

Adéquation produit-marché : la mesure dans laquelle un produit répond à une forte demande du marché, indiquant qu'il a trouvé son public cible et répond efficacement à ses besoins.

Q
Recherche qualitative : recherche qui collecte des données non numériques pour comprendre les comportements, les motivations et les attitudes des utilisateurs grâce à des méthodes

telles que des entretiens, des groupes de discussion et des observations.

Recherche quantitative : recherche qui collecte des données numériques pour quantifier les comportements, les tendances et les opinions, souvent à l'aide d'enquêtes, d'analyses et d'analyses statistiques.

R.
Feuille de route : un plan stratégique qui décrit la vision, l'orientation, les priorités et la progression d'un produit au fil du temps. Les feuilles de route communiquent la stratégie produit aux parties prenantes et guident les efforts de développement.

ROI (Return on Investment) : mesure de la rentabilité d'un investissement, calculée comme le rapport entre le bénéfice net et le coût d'investissement initial.

S

Scrum : un cadre agile qui organise le travail en itérations et sprints limités dans le temps, d'une durée généralement de 2 à 4 semaines. Il comprend des rôles tels que Scrum Master et Product Owner, ainsi que des cérémonies telles que des stand-ups quotidiens et des revues de sprint.

Sprint : une période définie pendant laquelle un travail spécifique doit être terminé et prêt à être révisé. Les sprints sont un élément essentiel du framework Scrum.

Partie prenante : tout individu ou groupe intéressé par le succès d'un produit, y compris les clients, les employés, les investisseurs et les partenaires.

T
TAM (Total Addressable Market) : opportunité de revenus totale disponible pour un produit ou un service s'il atteint 100 % de part de marché sur son marché cible.

Dette technique : le coût implicite du travail supplémentaire causé par le choix immédiat d'une solution simple ou limitée au lieu d'utiliser une meilleure approche qui prendrait plus de temps. L'accumulation de dette technique peut entraîner une augmentation des coûts de maintenance et une réduction de la vitesse de développement.

DANS
Expérience utilisateur (UX) : voir Conception d'expérience.

Flux utilisateur : chemin parcouru par un utilisateur dans un produit pour accomplir une tâche, du point d'entrée à l'action finale. La cartographie des flux d'utilisateurs permet d'identifier les points de friction et d'optimiser le parcours utilisateur.

User Story : une description courte et simple d'une fonctionnalité ou d'une fonctionnalité du point de vue de l'utilisateur final. Les user stories sont utilisées dans le développement agile pour définir les exigences et guider le développement.

DANS
Proposition de valeur : une déclaration qui résume la valeur unique qu'un produit offre à ses clients, expliquant comment il résout leurs problèmes ou répond à leurs besoins mieux que les alternatives.

Énoncé de vision : une déclaration tournée vers l'avenir de l'objectif et des aspirations d'un produit, guidant l'orientation stratégique et la prise de décision.

DANS
Wireframe : croquis basse fidélité de l'interface d'un produit, utilisé pour décrire la structure et la présentation de base avant la conception et le développement détaillés.

Flux de travail : séquence d'étapes ou de tâches qui doivent être accomplies pour atteindre un résultat particulier ou terminer un processus. Les flux de travail aident à rationaliser les opérations et à garantir la cohérence.

ET
Rendement : efficacité d'un processus pour produire le résultat souhaité, souvent utilisé dans le contexte de la fabrication et de la production.

YAGNI (You Aren't Gonna Need It) : Un principe de programmation extrême qui stipule que vous ne devez pas ajouter de fonctionnalités tant que cela n'est pas nécessaire, contribuant ainsi à réduire la complexité et à éviter tout travail inutile.

AVEC
Politique zéro bug : une pratique dans laquelle l'équipe de développement vise à résoudre et à corriger tous les bugs connus avant de travailler sur de nouvelles fonctionnalités, garantissant ainsi un produit stable et de haute qualité.

Zone de génie : Un concept qui fait référence à la zone où se croisent les plus grandes forces et passions d'un individu, conduisant à des performances et une satisfaction élevées.

www.ingramcontent.com/pod-product-compliance
Lightning Source LLC
Chambersburg PA
CBHW052312220526
45472CB00001B/81